京浜急行沿線

とびきりの魚屋＆酒の肴

西潟正人 著

魚が旨い

京浜急行路線図

青で囲まれている駅が本書で紹介しているお店の最寄り駅です。

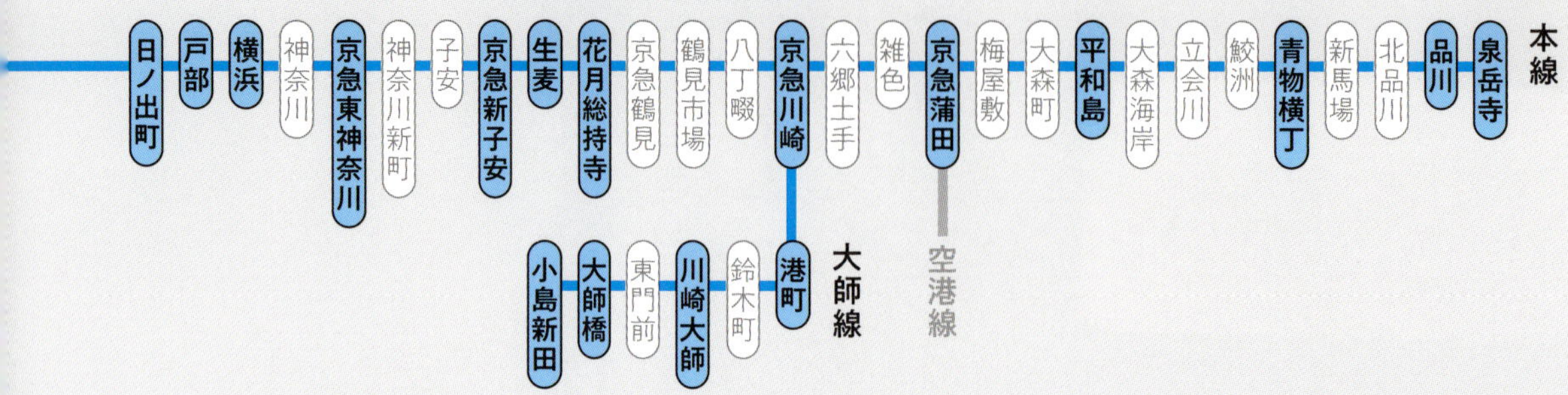

とびきりの魚屋&酒の肴 目次

自分でつくる酒の肴

一杯呑んだ町で、元気な魚屋を見つけるとのぞいてしまう。帰ってからの晩酌か、あるいは明日のために仕込むのか、いずれも愉しいものだ。

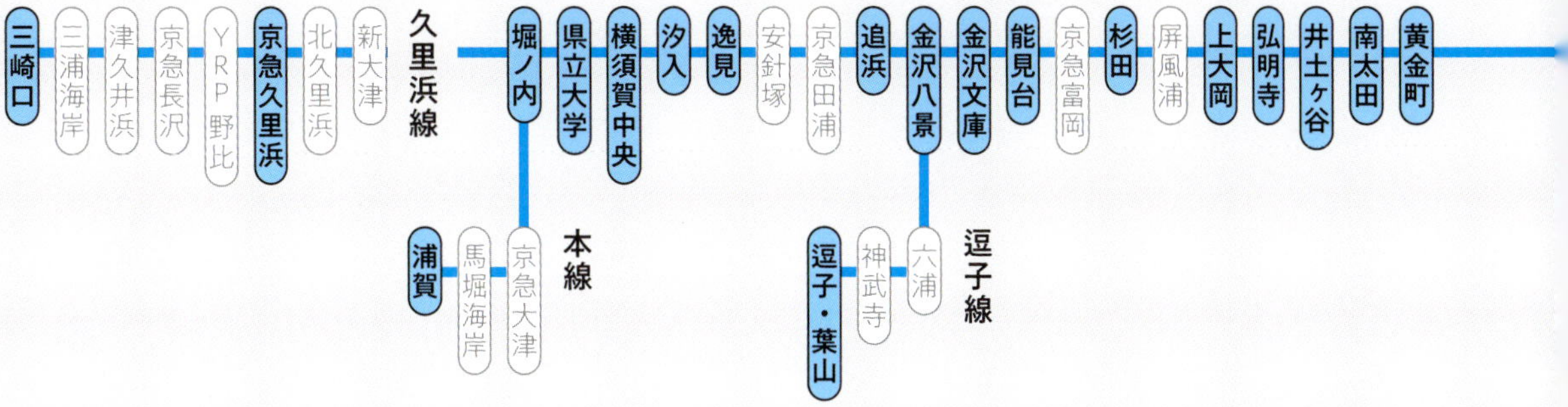

魚で肴

とっておきの酒の肴は、ちょっと珍味で料理法もマニアック。素材を見つけたら、思い出してもらいたい。魚料理は発想の一手間で、思いがけない逸品となる。

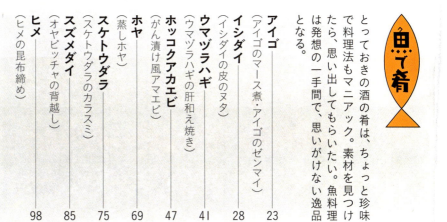

はじめに

二〇一三年に『京急電鉄・街と駅の1世紀』(彩流社)を上梓してから、京浜急行(以下京急)を見る目が変わったように思う。JRと比較してしまうクセがなくなり、京急のもつ生活臭とでも言おうか、心地良い個性に気づいたのかもしれない。

京浜工業地帯をひた走り、軍港と呼ばれた横須賀、浦賀まで。三浦半島の先端は大根畑が広がる三崎口で、マグロ船が入港する三崎港だ。沿線は工業地帯や軍港に占領される前まで、のどかな半農半漁村だったに違いない。大森辺りの浅海には海苔ヒビが立ち、子安辺りはアナゴ漁だろうか。仕事着のまま、電車に乗り込むこともあったろう。

京急は今でも近所のおばさんが、割烹着姿のまま飛び込んできても不思議ではない。また比較してしまうが、JRの匂いは通勤着で、京急のそれは仕事着だ。だれもが人肌の匂いを漂わせていると、人種までも違うように思えてくる。

京急は泉岳寺から品川を過ぎると、途中の逗子線で相模湾へ抜けるほか、全線はほぼ東京湾に沿って南下する。生麦には魚河岸通りもあり、魚っ食いには見逃せない土地を通過するのだ。労働者が集うのは居酒屋ばかりとは限らない、お昼の蕎麦屋や定食屋で意外や、美味しい刺し身に出会うのも珍しくない。ネット情報だけでは得られない、とっておきの店を、脚で探し集めたのが本書である。

魚っ食いは、魚屋をのぞくのが好きだ。スーパーの魚売り場ではなく、街の路面の魚屋が消えようとしている。京急沿線では、頑張っている元気な魚屋も数多い。魚を買えば、魚は肴、肴は酒菜である。酒呑みは自ら肴をつくる、これもまた愉しからず也。

カツオを一匹買い、内臓でつくる自家製の酒盗もいい。コノシロの新子を開いて、酢で締める。ヤリイカを開いて、縁側に干す。こんな作業をしながら一杯、ちびりと呑《や》るのもたまらない。魚で肴、簡単料理レシピも添えて、楽しい一冊になったと自負している。

二〇二四年 梅雨明けのころ 三崎口 ㊀鮮魚店にて

泉岳寺『瀬戸内食堂』

店内は広島カープで、真っ赤っか。

野球ファンだけでなく、魚好きもクセになる。

京浜急行電鉄の本線は、東京都港区の泉岳寺駅を起点にする。羽田空港へ向かう空港線、川崎大師を主駅とする大師線、相模湾へ向かう逗子線と支線は枝分かれして、本線は浦賀駅へと向かうも、久里浜線はさらに三浦半島の先端、三崎口駅までのびて首都圏をつらぬく長い旅を終える。

二〇二〇年に高輪ゲートウェイ駅が開業して、さらに賑やかしく発展しそうな駅前に置き忘れたような大衆酒場「瀬戸内食堂」はある。超未来をイメージしたような街づくりが進む中、いかにも大衆的である。店内に一歩踏み込んで、驚くことは真っ赤っかの色彩だろう。プロ野球、広島カープの熱狂的ファンは客よりも店主のようだ。品書きは十二回裏まであるスコアボードに書かれ、トイレの名称はブルペン。瀬戸内の店名も、広島からきているに違いない。

夕方の六時半、店内は仕事から解放されたサラリーマンで溢れんばかり。地鶏のたたきなどのほかに、鮮魚のメニューも多いのは嬉しい。マグロの希少部位とは、脳天の身と頬肉の刺し身。広島では普通に食べると聞けば、アナゴ刺しも注文しよう。ウナギやアナゴ類の粘液や血中には微毒があるとされ、一般に生食は敬遠されるが、少量ならば問題はないのだろう。

大都会にオアシスのような店構えだ。

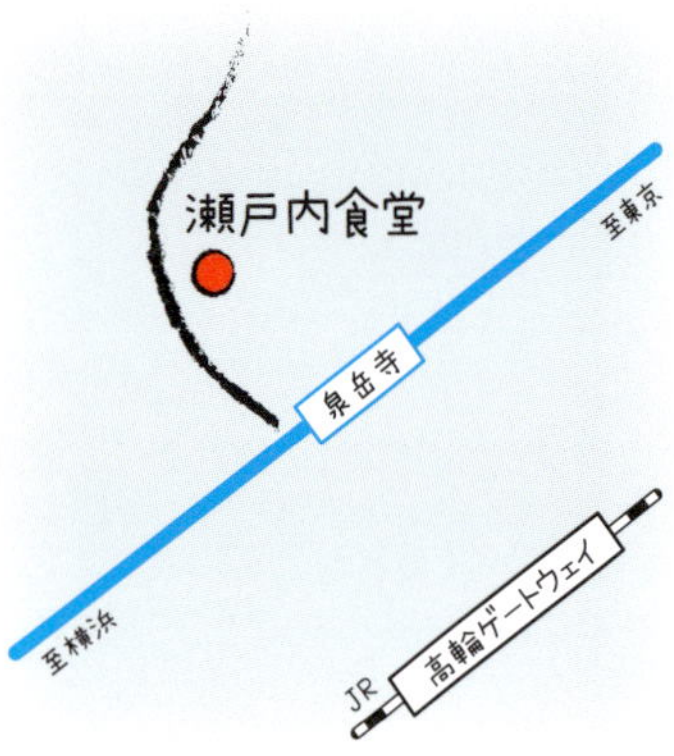

瀬戸内食堂
〒108-0074 東京都港区高輪2-16-38
☎ 03-6325-3866
㊔ 18：00頃〜23：30　㊡ 日曜

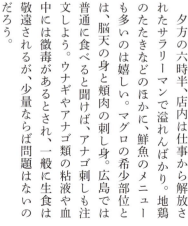

おとなりのテーブルは鍋料理で大宴会、従業員は忙しそうに立ち働く。生ビールで喉をうるおし、アナゴの刺し身千二百円をいただく。珍しい刺し身は濃厚な味わいで、噛みしめるほど口中に旨味が広がる。なるほど微毒も味のうち、と苦笑い。マグロの脳天身は刺し身で、頬肉は炙り。これで八百五十円ならお手ごろ価格だ。野球ファンだけでなく、みんなが集うのも頷ける。

女性たちの大きな歓声がして、見れば昔懐かしい赤いウインナーがタコの形で皿にある。

昭和の時代を経験した者にとっては、お母さんがつくってくれた弁当の風景である。魚を目当てに来て謀反者のようだが、この誘惑には負けてしまう。

後追いの恥ずかしさを大きな声でごまかして「こっちも、タコウインナー」と叫べば、おとなり同士で和気あいあい。泉岳寺に、こんな店があるなんて知らなかった。まるで、野球場にいるようであった。

瀬戸内食堂が自慢する、アナゴの刺し身千二百円は食べる価値あり。

昔ながらの、たこさんウインナーは五百三十円だ。

名物、鮪希少部位盛合わせは八百五十円。

品川
『あじろ定置網』

漁業会社が直経営する、魚料理と日本酒の店。

静岡県網代の漁業会社が、定置網にかかる様々な魚の美味しさを知ってもらおうと、二〇一四年に開業。隣接する東京海洋大学の応援もあって、都内では珍しい、魚好きだけが集まる魚料理専門店だ。

品川駅の港南口から京浜運河の御楯橋を渡ると、右手に見える。都営アパートの一階だ。

魚は漁場から毎日直送されるから、まさに捕れたての鮮度を味わうことになる。驚きはまた、見知らぬ魚が多いことだろう。アイゴ、アカヤガラ、タカノハダイ、ギンザメ、ツバクロエイ、ウスバハギなどは、スーパーの魚売り場にまず並ばない。

沿岸から二キロほど沖合いに設置される大型定置網には、日々八十種ほどの魚類が捕獲される。そんな中で市場に流通するのは約半分、ほかは知名度が低いために売れない、と決めつけられているのだ。同じ種がまとまらないという理由もある、つまり雑多な魚というわけだ。

一匹ずつは個性豊かで、とても美味しい魚たち。そんな魚たちを味わえるのだから、魚好きにはたまらない。開業当初は月に一度、海洋大の教授らが漁業の講義を一般公開して、テーマの魚を刺し身と生ビールをつけて千円なんてイベ

刺し身の盛合わせ。三~四人前。

ントもあった。アルバイトも全員海洋大生なので、アカデミックな雰囲気も漂う不思議な居酒屋だ。

注文は単品よりも、コース料理がお勧め。三千円～五千円で刺し身は豪華盛合わせ、焼き魚と煮魚が続いて締めにお茶漬けなら大満足だろう。料理の魚には丁寧な説明があり、姿を見たければネタケースに頭部が残ることもある。

魚料理のほかに大きな魅力は、全国の銘酒が保冷庫に数十種類も見えることだろう。刺し身に、日本酒は欠かせない。同じ白身でも魚種によって違う微妙な味わいは、舌で聞くような繊細さをもって気づくことがある。日本酒のもつ柔らかさが、白身魚の味を引き立ててくれるのだろう。まずは一切れの刺し身を味わってから、銘柄を選んでみるのも楽しいと思う。

網代定置網で朝捕れの巨大クロマグロが、二時間後には品川へ運ばれる。

巨大なツバクロエイが店に運ばれてきた。

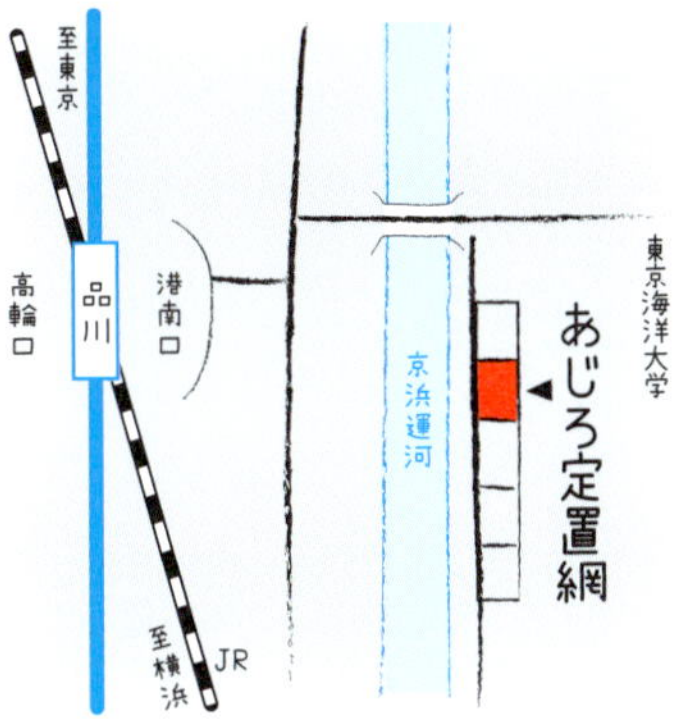

あじろ定置網
〒108-0075 東京都7港区港南4- 5- 1
☎ 03-6433-3571 ㊡ 土・日曜、祝日

二〇一四年八月の開店当時。

高級魚で知られるシロダイの姿造り。 都内では、なかなか食べられない。

青物横丁『魚富士』

店の外から奥まで、所狭しと魚が並ぶ。

店内は調理済みが多く、家庭では嬉しい品揃えだ。

北海道産の生アンコウの肝、安さに思わず手が伸びる。

旧東海道の青物横丁商店街。品川宿の面影が残る。

青物横丁は庶民の匂いが漂う、品川の台所だ。

品川から青物横丁へは京浜急行で三駅だが、旧東海道をのんびり歩いても三〇分ほど。道中は庶民的な商店街で、古を偲ばせる老舗もちらほら。青物横丁商店街に着いて、ひと際賑わう魚屋が「魚富士」だった。

魚を入れた発砲箱は入口をふさぐほどで、店内は歩くこともままならぬほど魚が並ぶ。

すこぶる安く、どれにも産地表示がされている。好物のコハダ酢が八枚入りで二〇〇円、北海道産アンコウの肝が約二〇〇グラムで三八二円、迷ってはいられない。

家に帰ったらコハダ酢で一杯やり、アン肝造りをしよう。日持ちする珍味は、冷蔵庫に入れて重宝するのだ。

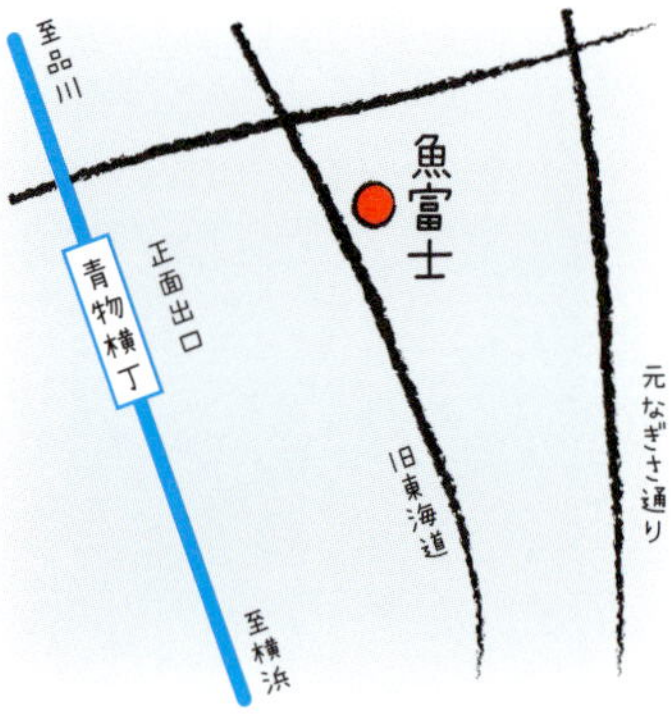

魚富士
〒140-0004 東京都品川区南品川3-6-55
☎ 03-5479-9888 (休) 日曜

自分でつくる
酒の肴

アン肝ポン酢

お店で高価なアン肝も、自家製なら遠慮なし。

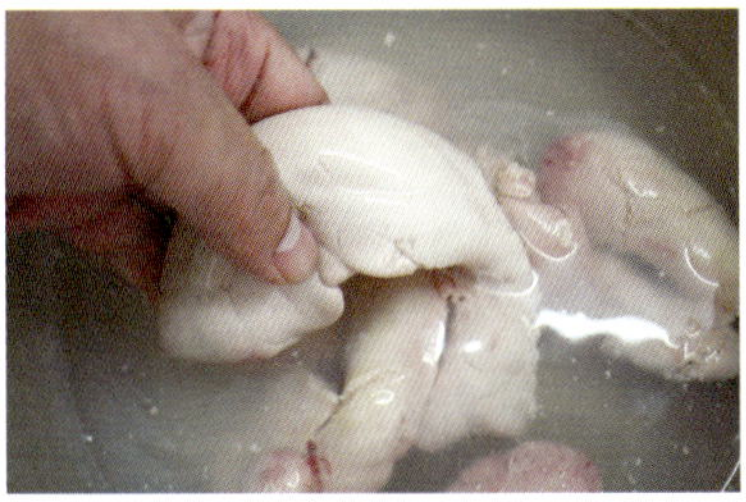
ぬるま湯の塩水でよく洗い、血管などを取り除く。

水を切ったら再度、ふり塩をして30分ほど置く。

水気をしっかり拭き取ったあと、巻き簾の上でラップを二重にして、しっかりと巻き、さらにアルミホイルで巻いて、両端を止めたら竹串などで数か所の穴を開ける。 蒸れた蒸気を逃がすためだ。

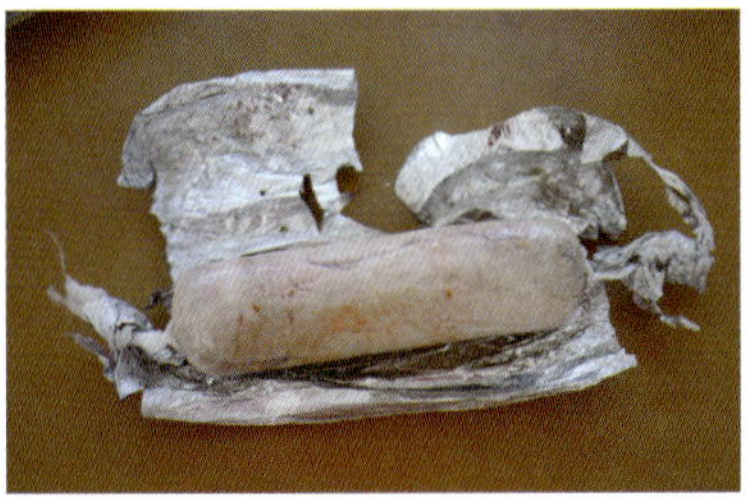
蒸し器で二〇分ほど蒸したあと、熱を飛ばしてから、冷蔵庫で再度冷やし、アルミホイルとラップを取り去る。

輪切りにしたら、ポン酢醤油を添えて召し上がれ。

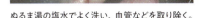

平和島『いさりび』

奥はホウボウとワラサ（ブリ）のお刺し身二点盛り。手前は突き出しのアン肝と、生海苔のポン酢醤油和え。

夕方五時に明かりが灯る。おおたの魚を専門に扱う「いさりび」の店構え。左はマダイのかぶと焼き、三百円。

繁華街に漁火が灯ると、魚好きがやってくる。

平和島駅周辺では、西口が繁華街にならうか。小さな飲食店が集中して、明かりが灯るころになると狭い路地が郷愁を誘う。

夕方の五時きっかり、「いさりび」が開店すると待ちかねたように客がやってくる。大田区で二番目に魚料理が旨い店、とは謙遜だろうか。入り口には魚の名札が並び、おおたの魚を自慢している。おおたとは大田市場のことで、魚類のほかにも野菜や花きを扱う大田区中央卸売市場を指す。

店内はこじんまりとして、落ち着いた感じ。威勢のいいご主人と、アルバイトだろうか若くて元気な女性が切り盛りしている。まずは生ビールをたのんで、本日の品書きを見つめる。二点盛り五五〇円、三点盛り七百円、四点盛り九百円とは嬉しい価格設定じゃないか。ホウボウ刺し三百九十円と、ワラサ刺し四百九十円をお試し心で注文。

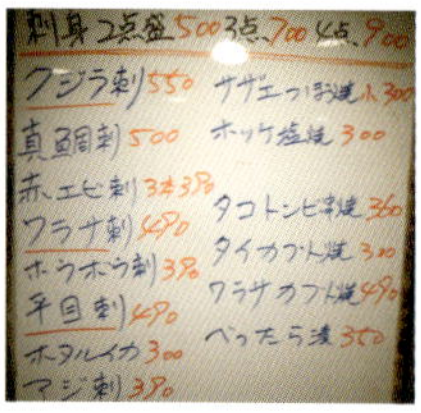

突き出しがアン肝と、生海苔のポン酢醤油和えとは驚いた。大森や平和島界隈は、海苔養殖が盛んな土地であった。しかし、日本の高度成長期といわれる昭和三十年代に、海は埋め立てられて工業地帯になったのだ。それでも旬の季節に生海苔とは、嬉しいじゃないか。

ホウボウもワラサ（ブリ）も、間違いのない鮮度で、改めて価格表を見つめてしまう。そこで鯛のかぶと焼き三百円を、追加注文してしまう。立派なマダイが胸ビレの際から大きく落としてあり、食いごたえあり。骨までしゃぶり尽くしながら、ビールは芋焼酎へと切り替わる。

いさりびは漁火で、どこにでもありそうな名前だが単独店という。開業して十年ほど、おおたの魚で頑張っている。

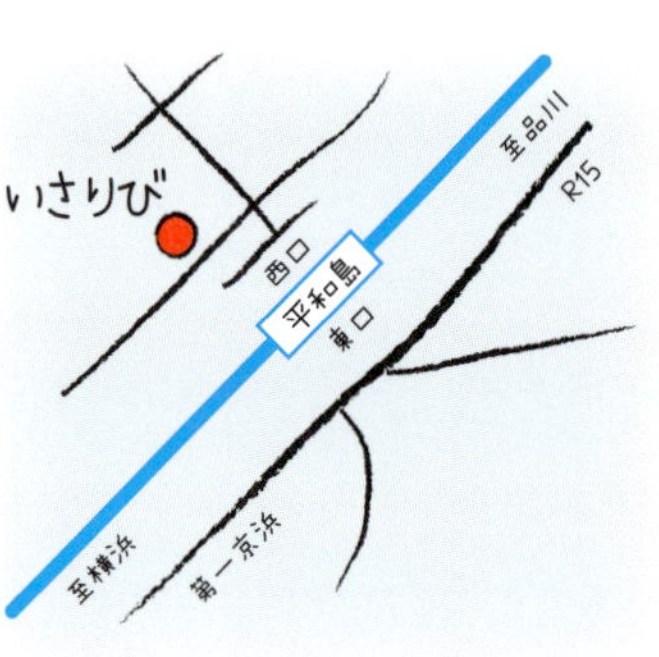

いさりび
〒143-0016 東京都大田区大森北6-26-14
☎ 03-3768-4202
㊋ 17：00～21：00 ㊡ 日曜

路上に投げ出されたような、「区民酒場」の店構え。 百五十円のつまみで、呑み帰る人も多い。

サバの味醂焼きと、イワシの丸干しで満ち足りる。

平和島『区民酒場』

大田市場で働く人たちと、朝から魚で一杯だ。

平和島駅の東口は、第一京浜（国道一五号線）が勢いよく走り抜ける。そこを渡った路地横に、なんとも不思議な「区民酒場」がある。市民酒場でも国民酒場でもない、大田区民の酒場ということだろうか。付け加えるなら〝愛すべき〟で、店は朝の五時から開いている。

大田区の卸売市場が近くにあって、早朝に仕事を終えた人たちが集まるのだ。大田市場は平成元年、青果の旧神田市場、荏原市場、水産の大森市場と花き部を統合した、都内では屈指の大型総合市場になっている。築地市場が豊洲に移転しても、大田市場が担う役割は近隣に限らず大きい。

ほとんどが常連客で、店もどこまでが従業員かわからない。ホッピーの白セットを注文して、品書きを見つめる。魚料理は市場関係者が多いためか、鮮魚は見飽きているようだ。マイワシの丸干し四百円と、サバの味醂焼き六百円が正統な注文と覚悟する。終夜働きづめで、オアシスにたどり着くのだ。平和島駅前の片隅に、こんな憩いの場があるなんて知らなかった。

マイワシの丸干しを、頭から噛みしめてホッピーの喉越しはいい。出来合いで市場に並ぶ、サバの味醂干しも一味違う。飾らない、あたりまえの空気が、酒を美味しく呑ませてくれる。ときにはマグロの仲買が、端っぱを持ってくることもあるだろう。そんな雰囲気が漂う、区民酒場に納得だ。

店を出ると通りに「美原通り・仲町商店会・旧東海道入口」の明かりが灯る。古の人々はこの道を通り、京阪を往来したのだろうか。品川宿からまだ近い、神奈川宿までは休んでなどいられない。

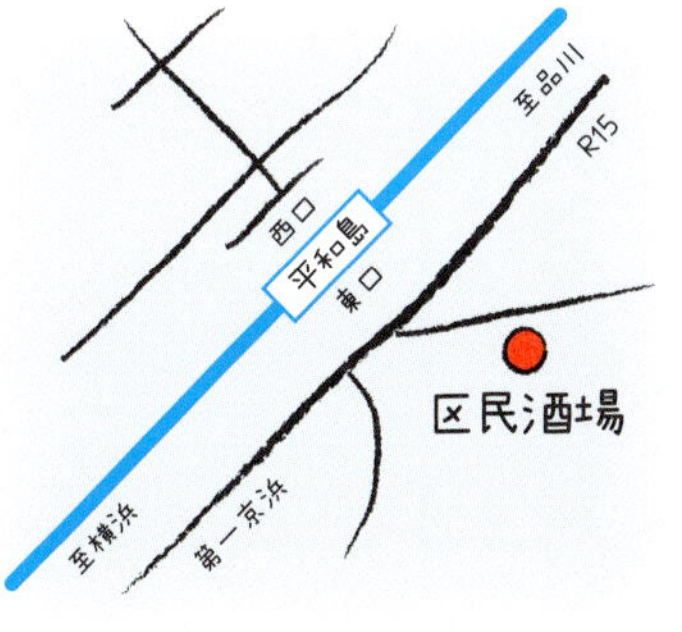

区民酒場

〒143-0011 東京都大田区大森本町2-31-5

☎ 03-6459-6636

㊒ 5:00～13:30 17:00～22:00 ㊡ 日曜、祝日

自分でつくる酒の肴

マグロで肴

安くて美味しい副産物は、魚市場で入手できる。

青森は大間産のクロマグロを下ろす、
自信たっぷりの仲買さん。
刺し身は、無造作に切っても目がとろけそう。

骨付きの中落ちを、ハマグリの貝殻で削ぎ落しながら食う。 マグロの赤身とメカブをたたいた、海かけ丼。

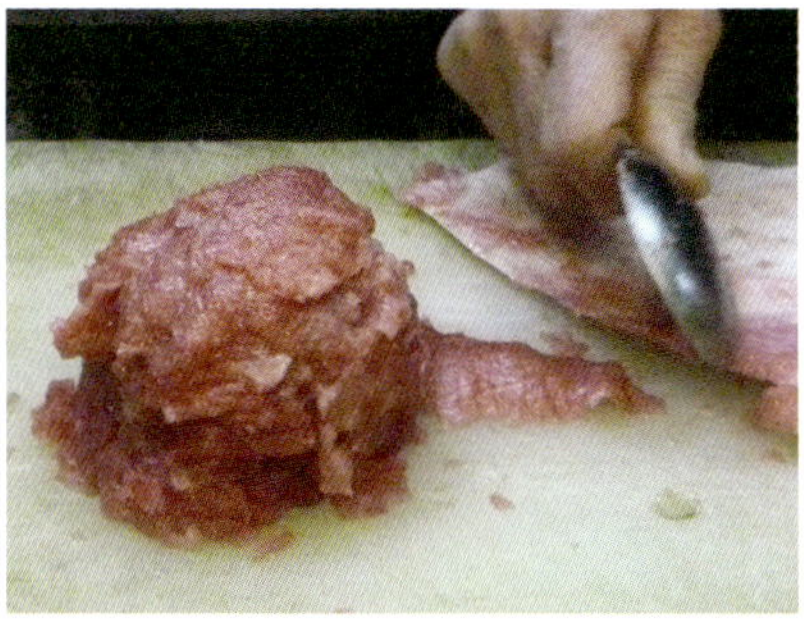

皮下の脂身を、スプーンで削ぎ身にする。
長ネギとたたき和えて、ネギトロだ。

大きなマグロの胃袋だって、捨ててはならない。
粗塩で揉み洗いしたら、湯引きして千切りにする。
ポン酢で和えたら、これも逸品。

背ビレの、とくに第二背ビレが手ごろでいいようだ。
塩焼きにして、ハーモニカを吹くような格好でしゃぶり食う。
脂があって美味しく、思わず笑ってしまう酒の肴だ。

日本産のサバ科マグロ属はクロマグロ、キハダ、コシナガ、ビンナガ、メバチの五種だが若魚の見分けは難しい。本鮪と呼ばれるのはクロマグロで、カジキ類は別種、マグロではない。成魚は数百キロになるから、家庭ではわずかな切り身を買うことになる。関東ならば遠洋マグロの水揚げ港である三崎に限らず、大田市場だって、皮つきの身や目玉、胃袋などは日常に揃うはずだ。それらを無駄なく料理すると、安上がりで美味しい酒の肴になる。マグロほど重宝する魚は、ほかにない。

京急蒲田『武蔵』

ビルの地下に潜む、安くて旨い珠玉の魚料理店。

京急蒲田駅とJR蒲田駅を結ぶ一画は、飲食店が密集する激戦区だ。そんなビルの地下一階に「武蔵」はあって、海鮮物を得意とする居酒屋で知られる。

地上にも看板は出ているが、周囲が賑やかなだけに目立たない。地下の扉を開けると中は意外に広く、長テーブルと長椅子が教室のように並んでいる。客同士は対峙できるが、厨房を背にしてしまうと、店内の働き具合が見えないからちょっとつまらない。

ご主人は体育会系の先生のような格好良さで、魚料理にはうんちくがあるのだろう。東京では珍しい魚や、ひとひねりしたような料理が品書きにある。そして、どれも安い。品書きに見入ってしまって、女店員に「飲み物は?」と聞かれてしまう。

まずはホッピーセット四百五十円をもらって、本日のおすすめとある白板を再度見つめる。ヒイカの醤油漬け五百五十円は、真っ先に注文。ケンサキイカの仲間で、さぞ柔らかく漬かっているに違いない。

八角の刺し身六百円とはトクビレのことで北海道の名産、蒲田で出会えるとは嬉しい。同行の東京海洋大学名誉教授の馬場治先生と話していると、店主が「よくご存知ですねぇ。今日のトクビ

地下一階の入り口。

頭部が飾られたトクビレの刺し身に、ナメタガレイとカツオの醤油漬けを添えた盛合わせ。

トクビレの固い皮が、油で揚がって添えられる。

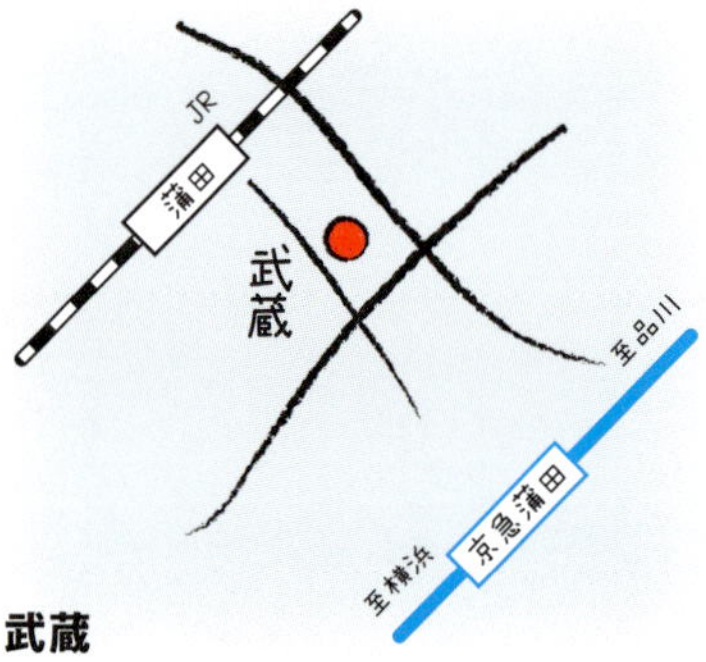

武蔵

〒144-0052 東京都大田区蒲田5-30-12
☎ 03-3734-5151
㊢ 11:30~14:00 17:00~00:00
祝日 17:00~00:00 ㊡ 無休

レは大きくて、五十センチもありました」と、厨房から声をかける。落とした頭部を見せてくれると、なるほどデカイ。刺し身に飾ってくれるという。嬉しくなって、カツオの漬け五百円とナメタガレイ刺し身六百円は盛り合わせにしよう。

　ヒイカの醤油漬けは一匹丸ごとで、エンペラからゲソまでついている。見ればケンサキイカではなくアオリイカで、しかも大きい。安い値段に驚き、漬かり具合の良さにまた嬉しくなって酒がすすむ。トクビレの刺し身は特大を使った半身で、脂がのった懐かしい味わいだ。ナメタガレイの白身もしこしことして甘く、鮮度の良さを証明している。

　ご主人がサービスですと、トクビレの皮を揚げて持ってきた。角ばった厚い皮は、油で揚げるとパリパリと煎餅のように噛み砕け、酒の肴にたまらない。皮が旨いと知っているなど、やはり店主はただ者じゃない。

　稚内の居酒屋で食べたトクビレの皮の味を思い出して、しばし沈黙。仲間の二人は魚の質の良さと値段に驚きながら、笑顔が止まらない。蒲田の激戦区に、恐るべし海鮮居酒屋の発見であった。

長テーブルが学校の講堂のように並ぶ。

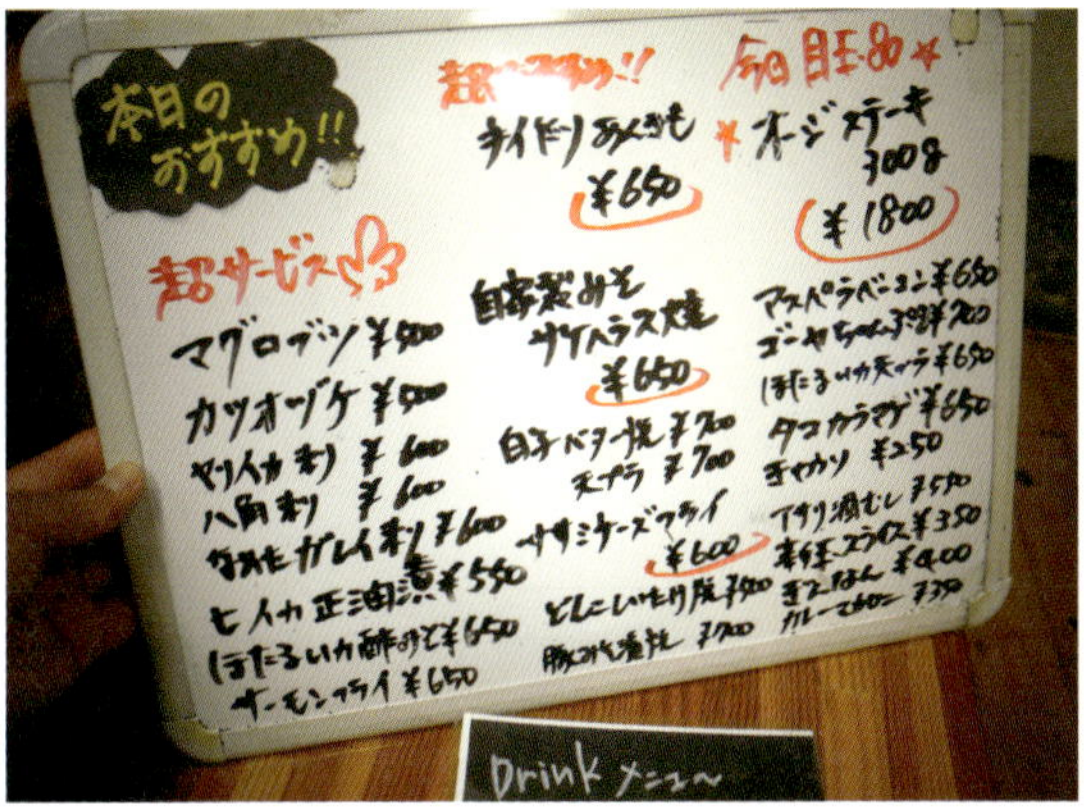

本日のおすすめ、海鮮メニューなど。

ヒイカの醤油漬け、五百五十円だ。

マグロぶつ、タコぶつ、締めサバ、大衆酒場の王道だ。

横に長い暖簾と同じく、道路に面した電光のお品書き。

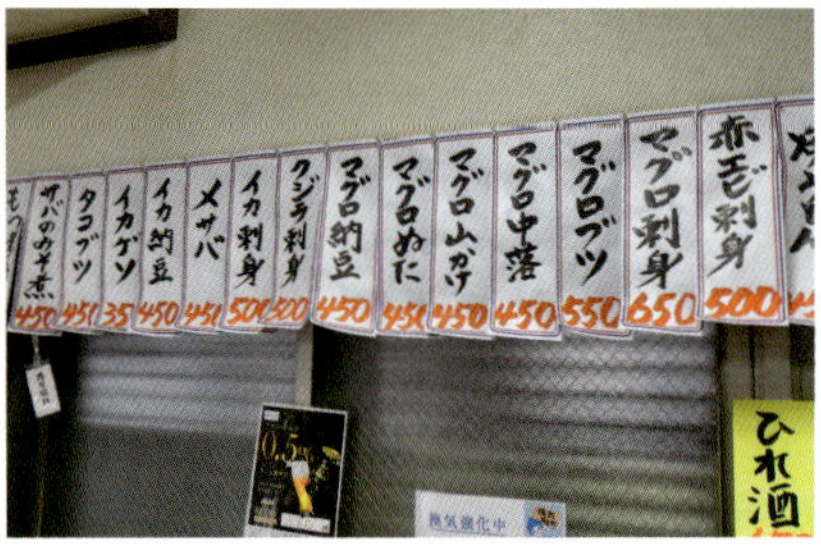

あれもこれも食べたくなる、魅惑の価格帯だ。

京急川崎『丸大ホール本店』

魚が旨い大衆食堂は、朝から大衆酒場にもなる。

京浜工業地帯の玄関口、京急川崎駅を下車して二分たらずに「丸大ホール本店」はある。長さ四メートルを超える紺暖簾に「大衆酒場(大)大衆食堂」とあり、その上にラーメンから各種定食の品書きがずらりと並ぶ。

すりガラスの入り口をそっと開けると、満席の視線に一瞬たじろいてしまう。が、「おひとりさん？　そこが空いてるよ」店員のおばちゃんが気さくで安心。相席でおじゃまして、ビールを一本。おとなりさんはモツ煮込み定食のようで、向かいの客は旨そうにラーメンをすすっている。一升瓶の焼酎ボトルで呑んでいる男は常連だろう、女性の二人連れはジョッキでサワー。食堂と酒場に大衆がついて、まさに納得だ

一見様は店内をぐるり取り巻く、品書きの多さに驚くだろう。中華のラーメン類から日本蕎麦や丼物と定食のほかに、細々とした単品の数がまたすごい。町の大衆酒場で定番の肴は煮込みのほかに、刺し身ならばマグロぶつ、タコぶつ、そして締めサバだ。どれも五百円くらいで、やっぱりあった。粉の練りワサビも、大衆の基本だ。

焼酎はウーロンハイに切り替えると、腰は落ち着いてくる。締めサバにはポン酢がかけてあり、庶民の味わいに微笑んでしまう。若い時代の、新宿の安酒場を思い出すのだ。ワサビをたっぷり醤油に溶いて、タコぶつをほおばる。鼻にツンとくるのも、酒の肴だ。

創業は大正七年、今の場所に移転したのは昭和十一年ごろという。横浜空襲で昔の資料は消失したが、お客は臨海部の工場で働く工員が多かった。夜勤を終えてやってくるから、朝八時半から店を開いた時代もあった。競馬や競輪の客もいた。店にいて昭和の匂いに落ち着くのは、そんな古人の息吹が、まだ残っているせいかもしれない。

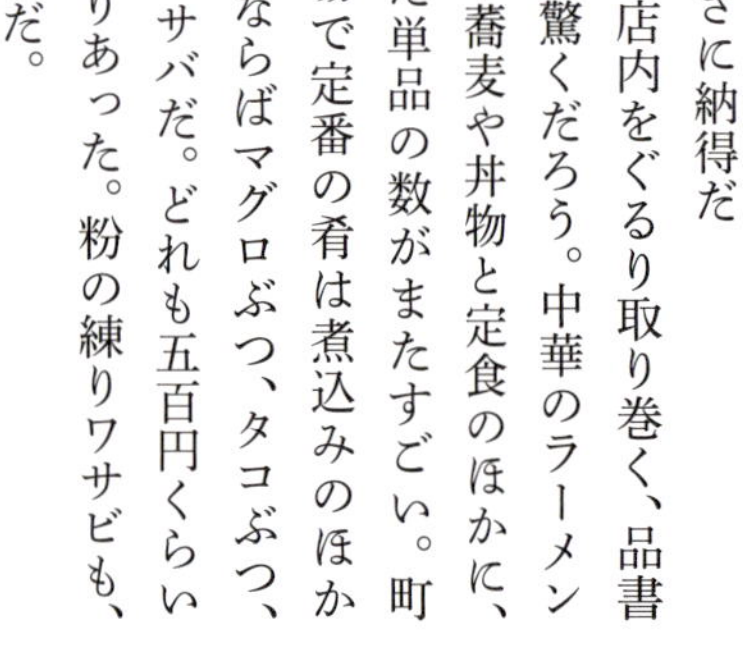

丸大ホール本店
〒210-0007
神奈川県川崎市川崎区駅前本町1-14-5
☎ 042-222-7024
(営)10：00~21：00 (休)土曜

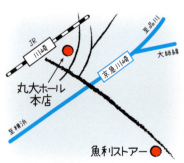

京急川崎
『魚利ストアー』

地元に愛されて半世紀、魚は飲食店も利用する。

JR川崎駅東口から臨港バスで約八分、追分で下車して二分ほど歩くと「魚利ストアー」が見えてくる。

周辺は住宅地というよりマンション街に相応しく、コンクリート色の建物が広がっているばかりで不思議なほど人影が少ない。魚利ストアーは唯一、駅から真っ直ぐのびる新川通り沿いにあって、人の匂いを感じさせるオアシスであった。

魚屋の魚利がオーナーで、昭和三十三年に開業。当初は一五店舗ほど営業していたが、駅前の大手スーパーに客足をとられて、現在ストアーには四店舗が入居するばかり。それでも地元人に愛され、守られているのは店内を見ればわかる。

魚屋に並ぶ魚種の多さと、品質の良さには目を瞠るものがある。お刺し身に調理されたパックが三百円からあれば、仕事帰りのお父さんだって立ち寄りたくなるだろう。北海道産ミズダコの足一本、見つめていたら吸盤が旨そうじゃないか。酢に漬けて、キュッと締まったところを噛みしめたい。吸盤だけで嬉しくなる、酒の肴だ。

スーパーの魚売り場には見られない、魚種の豊富さに驚く。三百円からの価格帯が嬉しい。

魚利ストアー
〒210-0007
神奈川県川崎市追分2-4
☎ 044-322-5157
㊇ 10：00～19：00
㊡ 日曜
※地図は18ページ

自分でつくる酒の肴

ミズダコ吸盤の酢漬け

ミズダコ特大吸盤の旨さは格別。

ミズダコの一匹は巨大なので、足一本でも家庭では使いきれない。大きな吸盤がある部位を、生のまま切ってもらう。

吸盤だけ切り取って生酢に漬ける。好みで味醂や昆布を入れてもいい。残った足部も一緒に漬ければ、酢ダコだ。

漬けて翌日が食べごろ、漬け過ぎると歯応えが弱まってつまらない。柚子皮を添えると、香りはさらに良く、酒がすすむ。

太陽と太平洋の、酒処「陽洋」だ。

港町『陽洋』

若夫婦の心づくしが魚料理に映える、家庭の味。

京急の川崎駅から大師線に乗ると、一つ目の駅が港町だ。川崎駅との中間点、どちらから歩いても十分ほどの距離に、酒処「陽洋」はある。魚料理の店と聞いたが、店構えは中華料理店のようでもある。

開業早々の若い店主は、奥さんと二人で店をやりくり。店名の陽洋について訊ねると、「太陽のように明るく、太平洋のように広い気持ちでお客さんと接したいのです」。そうきっぱりと言って、爽やかに笑う。飲食店で働きながら、結婚を機に独立をしたそうだ。小物などもお洒落に置かれて、店内には初々しさが漂う。開業してから、まだ二年目だ。

気安く酒が楽しめて人が集まる店とは、料理や値段もさること、店員の質で決まる。お客は人につくことを、わかっていない店があまりに多い。ちょっとした心遣いや笑顔が、客心に触れるのだ。ご夫婦は時節柄マスクをしていても、笑顔は見てとれ、店の確かさは間違いない。カウンター席に落ち着いたら、まずはホッピー白で一息。

魚へのこだわりは、品書きとネタケースでわかる。毎日書き換えられる魚種と料理名、ネタケースには魚の扱いと清潔さが見える。若奥さんが、真っ先に温かいお絞りを出してくれるのもいい。ご主人は安心して包丁に専念している。きびきびとした緊張感も、一見客には心地良い。

となりの女性客が、菜の花のおひたしをつまんで、「美味しいわねぇ」と言う。刺し身が続くと、野菜類が欲しくなるものだ。その二百七十円は後でもらうとして、鯛湯引き刺し身盛り七百七十円と、カツオ刺し身五百五十円は見過ごせない。すすめられるまでもなく、今が旬の魚だ。

マダイは皮つきの湯引きと、皮を引い

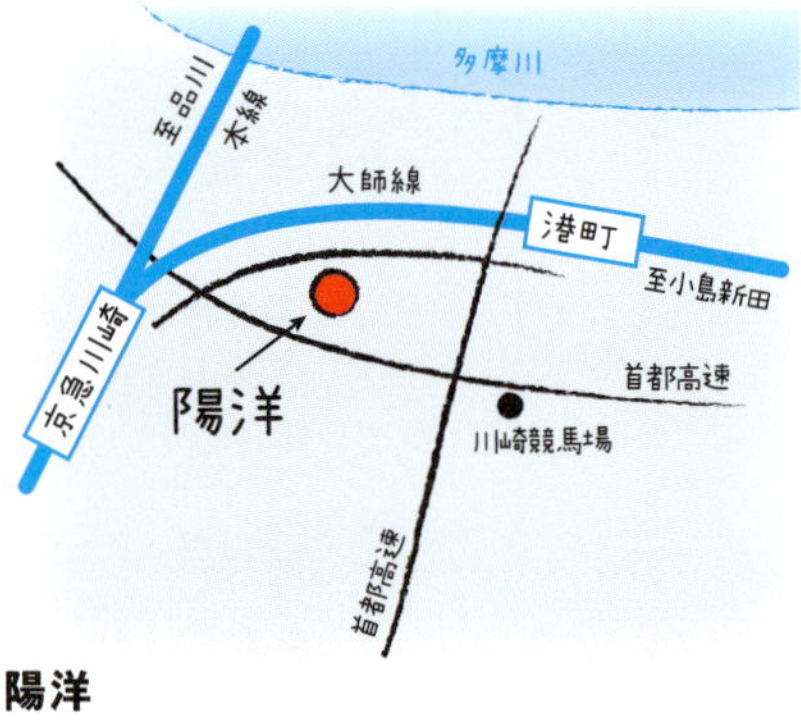

陽洋
〒210-0001 神奈川県川崎市川崎区本町2-10-15
☎ 044-280-6669
㊒ 17：00～2300 ㊡ 月曜

た刺し身の盛合わせ。ミョウガや紅タデ、キュウリの蛇腹も添えられて見事な盛りつけ。美味しい刺し身を食べると、気持ちが落ち着いてくるのは不思議だ。なぜか家のコタツに入っているような、ゆったりとした幸せな気分になるのだ。焼酎は濃い目のウーロンハイに切り替えて、カツオ刺しに挑む。カツオは店が違うと、味がまったく違うのはなぜだろう。魚の個体差よりも、目利きと包丁さばきなのだろう。魚尽くしに満足して店を出れば、ここは旧東海道の川崎宿であったのか。京急川崎駅まで、歩いて帰ろう。

雑然としながら、落ち着く店内。

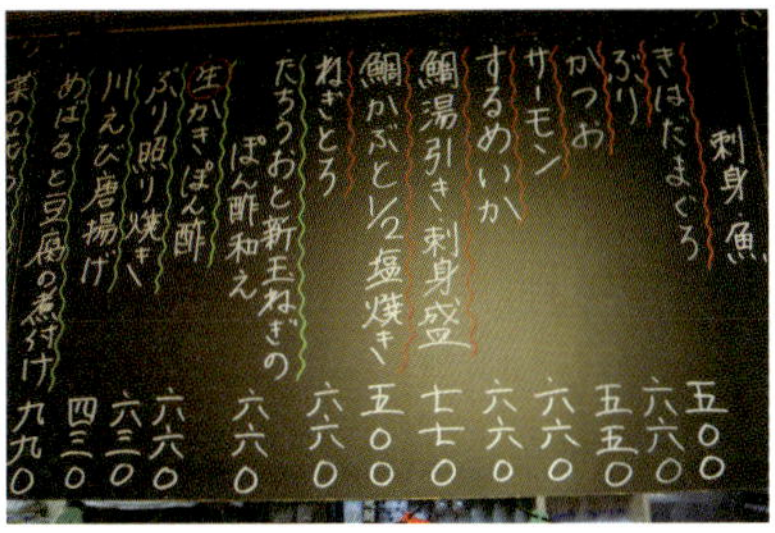

魚を中心とした品書き。酒呑みには、十分であろう。

仲の良いご夫婦。マスクをしていても笑顔が絶えない。

鯛湯引き刺し盛り、カツオ刺しでウーロンハイを呑む。

川崎大師『海鮮』

国道から離れた一角に、小さな明かりが灯る。

京急大師線の川崎大師平間寺（へいけんじ）は、諸願成就・厄除けのお大師様として知られ、古くから多くの参詣者で賑わう。川崎大師の駅周辺から少し離れた静かな住宅地に、ぽつんと明かりが見えて、お食事処「海鮮」はあった。

　小ぢんまりとした清潔な店は、母と息子だけで切り盛りしているのだが、料理数の多さに驚く。店名が海鮮だけに、カウンター上の黒板には魚介類の品書きがずらりと並ぶ。そして、どれも安い。テーブルの客は定食らしきを食べ終えて帰り、カウンター客はのんびりとサワーを呑んでいる。駅から離れているだけに、住民たちの憩いの場だ。

　生ビールをまずは注文して、品書きをつくづくと見上げる。揚げ物もいいが、サワラの西京焼き六百円に目が止まれば、それに決める。刺し身の欄からは、マグロの山かけ五百円にしよう。ワサビを多めの醤油に溶いたら、山かけの上にかける。山芋の白とマグロの赤身が醤油色に染まっていく。ご飯にかけてもいいが、ずるっと一口やって呑む、これもたまらん酒の肴だ。

　お通しは白身魚の酢豚風味。サワラ西京漬けを噛みしめると、日本酒に切り替えたくもなる。富士見通りまで歩いたら、バスで京急川崎駅まで行って帰るとしよう。今日は川崎大師で、ゆっくりしよう。

住宅地の道沿いに、ぽつんと見える、お食事処「海鮮」。

料理の品数は、驚くほど多種多彩だ。

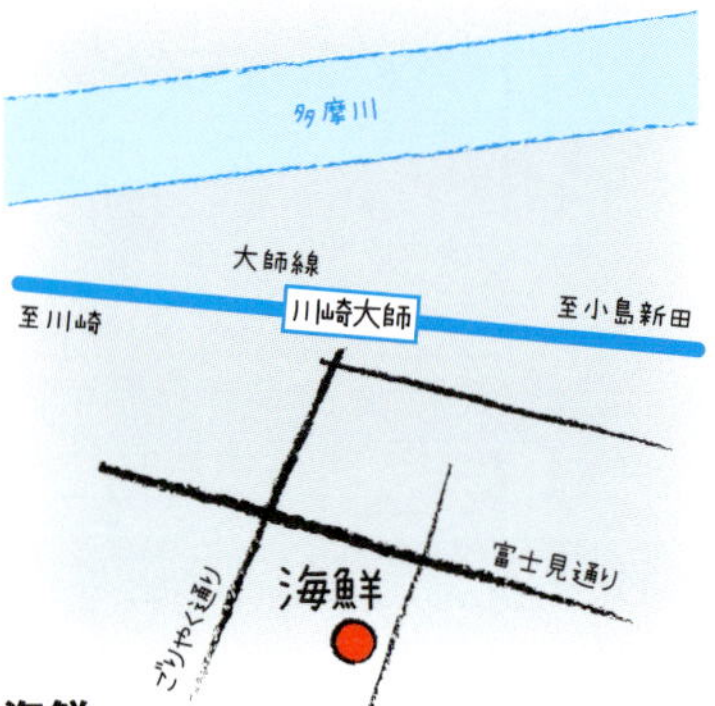

海鮮
〒210-0831 神奈川県川崎市川崎区観音2-5
☎ 044-299-5535
㊔ 夕方から夜まで ㊡ 不明

添えられたワサビに、醤油をたっぷり溶いて「マグロ山かけ」にかける。
かき混ぜて、居酒屋では基本の肴だ。

魚で肴

アイゴ

南関東では珍しくない磯魚で、漁業では定置網にも入る。
ヒレの各所に毒棘があって、触れると危険。
個性の強い香りがあって嫌う人も多いが、美味とする地方もある。
沖縄県では幼魚を島豆腐にのせたスクガラスと塩味のマース煮、
香川県では内臓（腸）をゼンマイと称して珍重する。

アイゴのマース煮

沖縄の魚料理では定番、泡盛には欠かせない。

釣れたら磯場で、各ヒレの毒棘を切り取る。

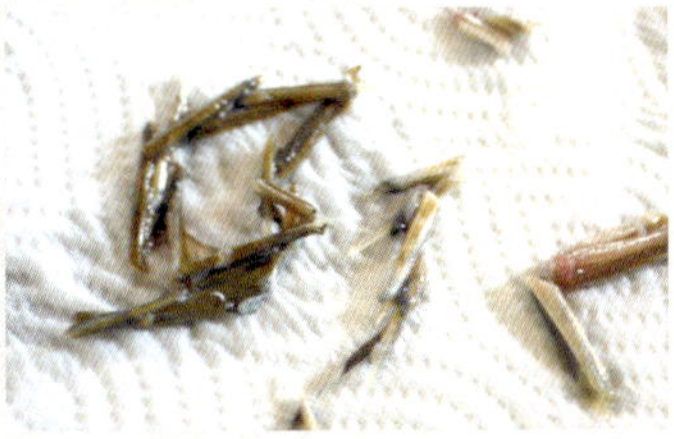

切り取った毒棘は安全に包んで持ち帰る、その場に捨ててはいけない。

できれば磯場で腹を開いて、血合いも切って持ち帰るといい。

長い小腸から、胆のう（苦玉）をつぶさないように取り外す。

小腸はしごくようにして、大まかな糞を出したら酒と醤油、味醂にしばらく浸す。

オーブンで焼き上げた、

アイゴのゼンマイ

大師橋『鮮魚魚利』

鮮魚「魚利」のショーケース。刺し身一盛り五百五十円。

庶民の家庭では嬉しい刺し身が、廉価で並ぶ。

京急大師線の終点より、一駅手前が大師橋駅だ。周囲は首都高速道路と国道が縦横に走り、住宅地でも閑静とは程遠く騒々しい。多摩川を渡る大師橋があって、その先が羽田空港。騒音は、空からも降ってくる。

駅を降りて京急線沿いに小島新田方向へ歩き、首都高の真下をくぐるように歩道橋を渡っていると、夜ならばほのぼのとした明かりが右手前方に見えてくるだろう。青のテントは鮮魚「魚利」、赤いテントは味処「うおとし」。同じ経営者で、魚屋が居酒屋を始めた格好だ。

魚を食べに来て二つの店が並んでいたら、鮮魚店からのぞいてみたい。ショーケースには各種の刺し身が一皿五百五十円で、食欲をそそる。近所の主婦にとっては、重宝する魚屋に違いない。鮮魚は白い発砲箱に入って、タチウオやキンメダイなどが、捕れたての如く光っている。どうやら、料理屋などの御用達でもあるようだ。

ウルメイワシを五匹ほど買ってとなりの居酒屋へ行こうとすると、「帰りまで冷蔵庫へ入れといてやるよぉ」と嬉しい声がけ。殺風景な街中にあって、親父さんの笑顔のなんと温かいことか。

鮮魚店は近所の奥さん御用達。いろんな刺し身が小皿になって、お買い得だ。

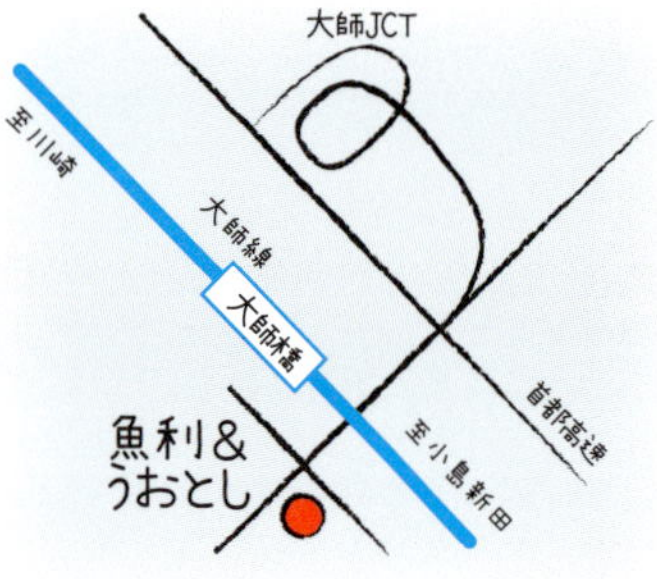

鮮魚魚利＆味処うおとし

〒210-0822 神奈川県川崎市川崎区田町1-2-1
☎ 044-288-4576
㋔ 17：00〜21：00（魚利は朝〜夕方）㊡ 日曜

自分でつくる
酒の肴

ウルメイワシ

刺し身だって手開きで簡単、安上がりな酒の肴。

ウルメイワシは鮮度が落ちやすい。潤んだ目が、血が滲んだように赤くなっていたら刺し身に向かない。

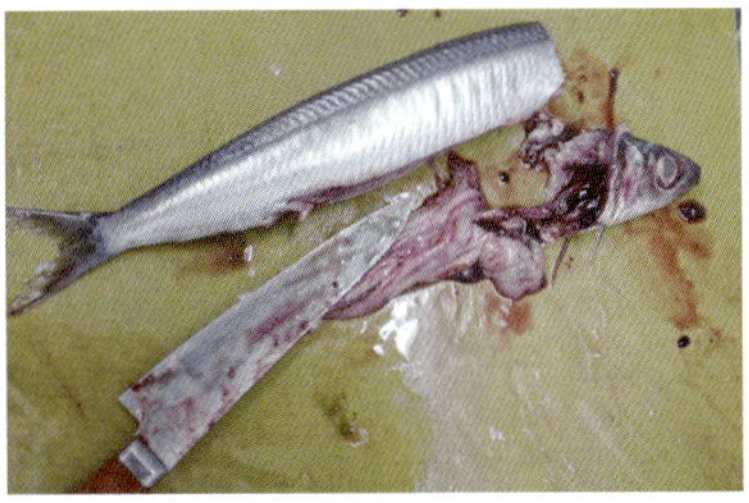

頭部は胸ビレの際から包丁で落とし、腹ビレごと腹部を切り取って水洗いする。

頭部から尾の方向へ、親指を中骨に沿わせて片身を開く。

残った片身は背骨をつかんで、背骨をしごくようにして開く。

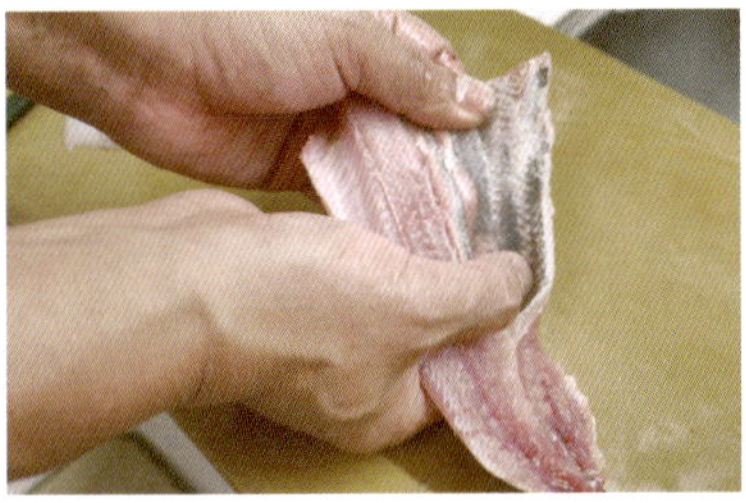

皮は片身ずつ、身を起こしながら剥がしていく。多少脂が残っても構わない。腹骨は包丁で、すき切る。

残った皮は竹串に巻いて塩焼きにし、
刺し身に添えると逸品だ。

大師橋『味処うおとし』

青と赤のテントが目印の、魚屋と味処。

魚屋が居酒屋を兼ねると、痒い所に手が届く。

　赤いテントの居酒屋は、親父さんの奥さんと娘さんたちの切り盛りだろうか。「となりでお魚を買ったよ」と言えば、「ありがとうございまぁす」とこちらも笑顔がいい。本日のおすすめは、本店が魚屋だけに魚尽くし。いろいろある中でも、鮮度に間違いがなければカツオ刺し七百円だ。となりの魚屋で、下ろしたてなのは知っている。

　魚以外の品書きは、野菜サラダとお新香くらいだろうか。魚屋を自負する徹底ぶりが、おもしろい。エシャレットの二百五十円を見つけて、それも注文。血合いの多いカツオの刺し身を食べたあとは、生のネギ類が食べたくなるのだ。

　下ろしショウガとニンニクをたっぷりつけて、カツオ刺しの分厚い一切れをほおばる。鉄分に似た赤身の香りが、口の中に溢れて辛口の日本酒に混ざる。近くなのに遠くへ来たような、ゆったりした時間が流れる。

　見上げるような高速道路の下で、外は車の排気ガスが目に見えず流れているに違いない。店を出て思うことは、コンクリート色の街にも血が通っていたこと。大師橋のウルメイワシも、さぞかし旨いに違いない。

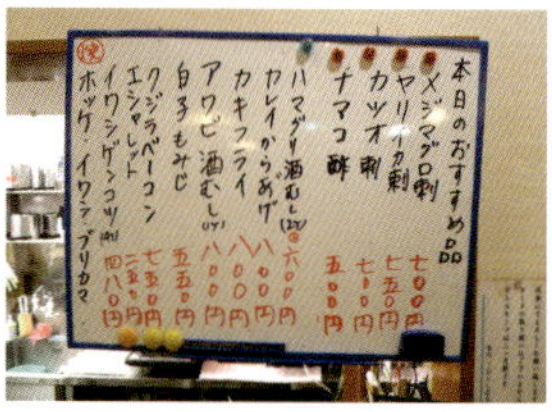

家庭的な雰囲気が漂う、味処「うおとし」の店内。 本日のおすすめ品。

ぶ厚く切られた、カツオ刺し七百円。

メゴチの天ぷら、イカの刺し身。 これだけあれば、大満足だろう。

小島新田『味の鶴岡』

小さな駅前にあって、よく目立つ「味の鶴岡」。

広い店内にはお座敷もあり、すべて禁煙なのが嬉しい。

大師線の終点に良き店あり、江戸前の天ぷら。

京急川崎駅から同じく京急大師線に乗り換えて、六駅目が終点の小島新田駅だ。乗車時間は十分ほど、川崎大師への参詣者が多く利用する。

小さな駅舎を出ると、目の前のコンビニも珍しいほど小さい。ふらりと右へ曲がると、立派な店構えの「味の鶴岡」はあった。居酒屋とあるから安心して暖簾をくぐると、壁にはナマコ酢四百六十円やイワシの天ぷら五百八十円などの品書きがあって、なお安心。

聞けば産業道路沿いに支店があるだけで、流行りのチェーン店でない。まずはサッポロ黒ラベル大瓶六百五十円を注文して、卓上の数多い品書きを見る。お刺し身はもちろん揚げ物から焼き物まであり、ほとんどが魚貝類なので嬉しくなってしまう。

東京湾を近くにしてアナゴとも思ったが、同じ値段ならメゴチの天ぷら五百五十円に傾く。もう一品の生ものは、イカの刺し身五百九十円で決まり。どれもこれも、すこぶる安くて驚いてしまう。魚介の刺し身は五百円〜五百九十円、揚げ物は三百八十円からある。ただ一つ八百円とあるのは、カエルのから揚げだった。

天ぷらのメゴチとはネズッポのことで、関西ではガッチョと呼ぶ。揚げたてはサクっとふっくら、四匹にシシトウまでついている。イカはスルメイカ、ねっとりとした甘みが身上だ。大師線の終着駅で、ゆっくりと呑んで帰るとしよう。

お刺し身と揚げ物のメニュー。

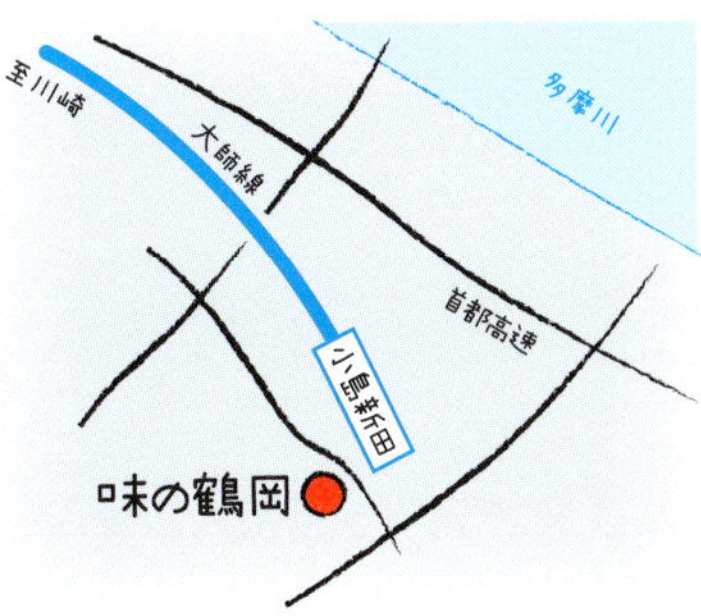

味の鶴岡

〒210-0822神奈川県川崎市川崎区田町2-14
☎ 044-277-5489
㊡ 16：00〜23：30 ㊡ 年中無休

魚で肴

イシダイ

釣り人は底物と呼んで羨望するが、若魚ほど群れることから魚屋でよく見かける。タイ科で白身はよく締まり、石鯛の名がある。珍重すべきは刺し身を引いたあとの皮で、湯引くとふっくら厚みを増し、辛子酢味噌で和えたヌタは絶品なり。細かく固いウロコは、金タワシで丁寧にこすり落とすこと。

若魚には太い横縞が目立つが、老成すると消え、吻が黒くなることから通称を口黒。 兄弟分のイシガキダイの吻は白くなるから、口白とも呼ばれる。

下ごしらえを終えたら、三枚に下ろして皮を引く。

沸騰した湯に皮を入れ、数十秒だけ湯がいたら冷水に取る。

水気をしっかり拭き取る。

一センチほどに、ぶつ切りする。

イシダイの皮のヌタ

辛子酢味噌をかけて、召し上がれ。ゼラチン質で膨れ上がった皮は、ねっとりとして甘い。

花月総持寺＆生麦
『生麦魚河岸通り』

JR鶴見線が国道一五号線をまたぐ所に国道駅がある。
そこから旧東海道が京浜電鉄と並行して、
真っすぐ伸びる商店街を「生麦魚河岸通り」と人は呼ぶ。

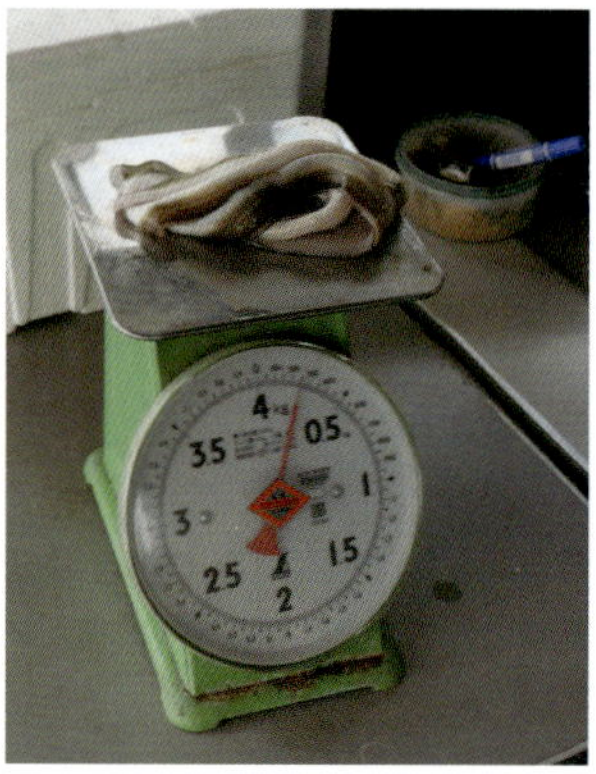

活アナゴを捌く「山幾・田辺商店」。
捌いて目方を計って、千二百円也。

山幾・田辺商店
〒230-0052
神奈川県横浜市鶴見区生麦5-21-24
☎ 045-501-2648
㈴ 早朝〜昼前　㊡ 日曜、祭日

往年の活気はうすらいでも、魚屋は軒を連ねる。

京急の「花月総持寺」駅から国道一五号線に出て、生麦方面に少し行った信号を鶴見川へ向かって歩くと、旧東海道に出る。昼を過ぎると閑散とする商店街だが、早朝から昼前までは様変わりしている。通称「生麦魚河岸通り」だ。

鶴見川岸の案内板を要約すれば「江戸時代に御菜八浦の一つとして江戸城へ御菜魚献上の役を担った生麦浦は、開発や埋め立てで姿を消したが、首都圏という立地条件に恵まれて魚屋が集り、約三百メートルが魚河岸通りと呼ばれるようになった」とある。

付近の川岸が貝殻浜と呼ばれたのは、アオヤギや赤貝など、貝剥きを商売にする「剥き屋」があったから。今も各種の貝類とアナゴは、生麦魚河岸通りになくてはならない定番商品だ。近くの料理屋さんだろう、一匹のキンメダイとマグロのサクを手に、急ぐように車で走り去る。同じ横浜でも、中央卸売市場まで行くよりは便利なのだ。

スーパーなどの魚屋と違って価格表示がされてなく、いらっしゃい、もないから素人は困ってしまう。だが、こちらから一声かけると、みなとても親切で愛想がいい。家族でやっているような店が多く、娘らしきが「お父ちゃん、これいくら？」なんて叫びながら忙しく立ち働く。

『山磯・田辺商店』

散策していると、薄暗い店内で寡黙にアナゴを捌いている店がある。床はコンクリートの打ちっぱなしで、ホースからの水が絶えず流れている。こんにちは、声をかけると驚いたように振り向いた。

傍らの大バケツにアナゴはうごめいていて、一匹ずつ背開きにする。幅の狭い長いまな板で、アナゴは暴れもせず、一撃で後頭部を切断。目打ちで固定したら一気に開く。背骨を切り取ったら、包丁を返して背ビレを取る。流れるような作業は、一分もかからない。

「おぉ、注文でね、もう取りにくるんだよ」。アナゴ料理は捌きたてでこそ、煮ても焼いても身がふっくらと盛り上がる。翌日や冷凍ものを使うのは、素人料理だ。「おぉ、今捌いてやるよ」。忙しそうな中を、中型サイズを三匹お願いする。

見ていたら食いたくなる、あたりまえ

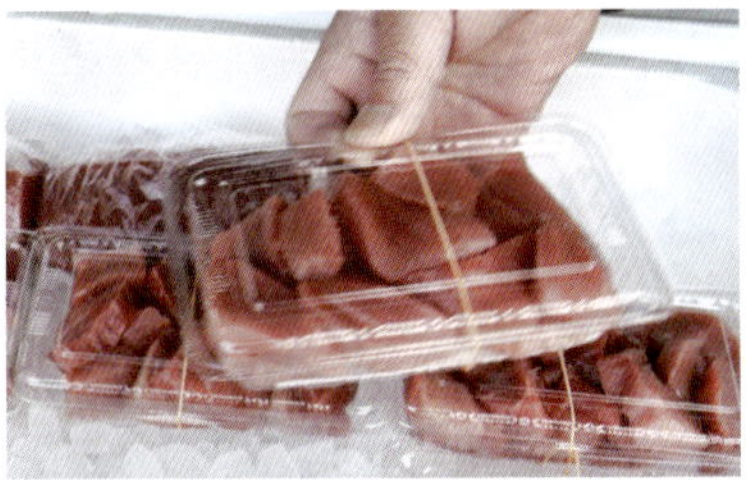

貝の剥き身を売る「生とよ・安斉商店」。
特大青柳の剥き身四個分と、
北寄貝の剥き身十個分を買う。

生とよ・安斉商店

〒230-0052
神奈川県横浜市鶴見区生麦5-24-15
☎ 044-280-6669
㊮ 早朝～昼前 ㊡ 日曜

旨いよ、と言われたマグロぶつ。
一パック千円は、確かに極上であった。

貝平商店

〒230-0052
神奈川県横浜市鶴見区生麦5-13-56
☎ 045-506-6802
㊮ 早朝～昼前 ㊡ 日曜、祭日

だ。これが三匹で千二百円とは、申し訳ないほど安い。帰ったら白焼きで一杯、今宵が楽しみになってきた。

『生とよ・安斉商店』

威勢のいい、娘さんがいる店に戻ってきた。一本道だから、行き来していると同じ店に出くわす。店内を落ち着いて眺めると、品物の良さに気づく。貝類はすべて、殻から剥いたばかりでみずみずしく、まだ動いているようにも見える。

特大のバカガイ（青柳）の剥き身は、四個分で五百円。竹串に刺してかるく天日に干したら、どんなにか旨かろう。千葉は富津の漁師家で食べた、あの味がよみがえれば買うしかない。

ウバガイ（北寄貝）の剥き身は、十個分で千五百円。これも見るから特大で、殻付きなら一個で四百円はするだろう。北寄（ほっき）の文字通り、茨城県以北で捕れるが、北海道の漁獲量が多い。

青森県の南部地方、三沢の漁師料理にホッキ味噌があって、飾らない朴訥とした味に酒がすすんだものだった。寿司屋では定番ともいえるタネだが、湯通しした刺し身だけでなく、ちょっと手を加えて酒の肴にしたい。これも買っていこう。

『貝平商店』

買い物はもうよそうと思いながら、小さな店の店頭にパック詰めされたマグロぶつを見つけた。赤身のようだが、中トロ部分も混じっているようだ。なにより輝くような色がいい。どうやらマグロ専門店で、お得意用に大きくサク取りした後の端っぱをぶつにしているのだろう。

「千円でも安いよ、極上だよ」親父がぼそっと呟くと、嘘じゃないと思ってしまう。気づけば、帰ってすぐのつまみがなかった。ぶつを肴に一杯やりながら、貝料理に勤しむ。筋書きができたら、一パックくださいな。つい買ってしまう、生麦魚河岸通りだった。

のども乾いて、小腹もすいてきた。通りの中ほどに活魚料理の幟があって、大衆食堂「生麦」とあった。

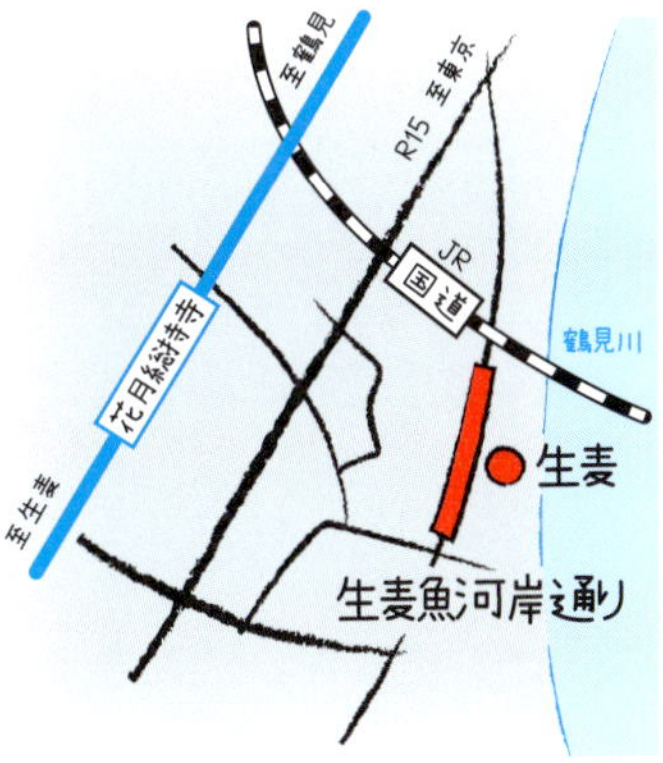

花月総持寺＆生麦

『活魚料理 生麦』

魚河岸通りを散策して、海鮮丼で疲れを癒す。

朝十時半開店とは、一通りの買い物が終わった時間になろうか。カウンター席に座ったら、お茶よりも朝からビールだ。魚河岸通りだけに、品書きには魚貝類だけが並ぶ。赤貝の刺し身などが五百円とは、夜にでもゆっくり来たくなる。

各種定食の中から、海鮮ちらし千円に決めた。金土曜限定で、おすすめらしい。問わず語りで店主曰く「生麦魚河岸通りは、ここ二十年ほどで寂れましたよ。高齢化で後継ぎがいないこと、コロナ不景気の影響も大きかったですねぇ」。通りは確かに、シャッターで閉ざされた店が目立つ。飲食店も「生麦」だけが残って、九時半に開店していたのも今は一時間遅らせている。

海鮮ちらしはマグロ、ホタテ、青柳、アジ、タコ、エンガワなど豪華に盛られて、ビールの喉越しも心地良し。仕入れた魚貝を手にぶら下げて、帰るとしよう。時計はまだ、午前十一時である。

活魚料理「生麦」
〒230-0052
神奈川県横浜市鶴見区
生麦5-23-7
☎ 045-501-0467
㊒ 10：30〜13：30
17：00〜21：30
㊡ 日曜
※地図は31ページ

鮮魚販売もする店構えの、大衆食堂だ。

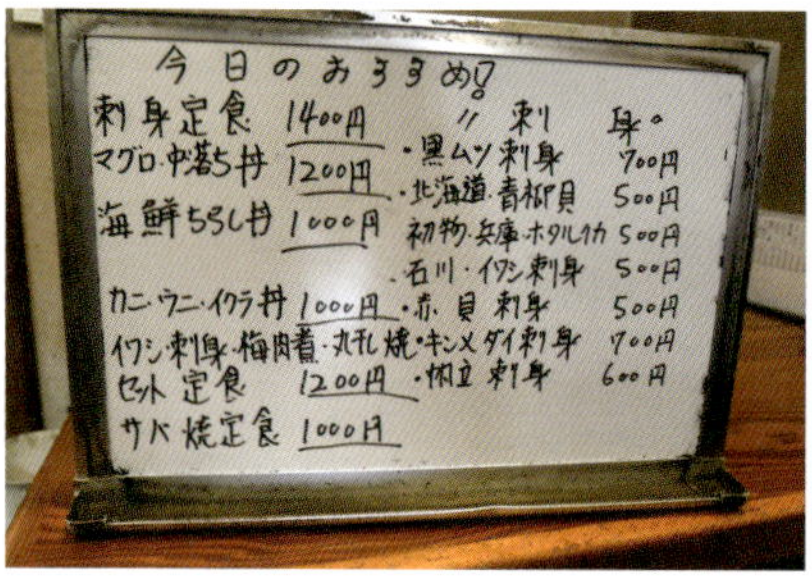

今日のおすすめ、魚ばかりで嬉しくなってしまう。

定食と丼の品書きから、海鮮ちらしを選ぶ。

生麦らしい、貝類もたくさん入った海鮮丼だ。 朝からビールがすすむ。

アナゴの酒干し&白焼き

東京湾名産のマアナゴは、煮ても焼いても旨し。

アナゴのヌメリを洗ってから塩と酒で揉み、三時間ほど浸した後、半日ほど風干しする。

やや焦げ目がつく程度に焼き、冷めたら小口に切って器に盛る。尻尾の辺りが香りが強く、酒の肴にたまらない。

背開きされたマアナゴに、粗塩をふって揉み洗いする。

水気をしっかり、拭き取る。

蒸し器に入れて、十分ほど蒸す。焦がさないよう注意しながら、皮面に少しだけ焦げ目をつける。極上の酒が、よく似合う。

自分でつくろ 酒の肴

ホッキ味噌&塩辛

酒の肴は北国の、漁師料理に学ぶところが多い。

青森は南部、三沢地方の漁師料理だ。 剥き身を開いて糞を取り除き、長ネギと味噌でたたき和える。

少量の酒で煮詰めていく。

ホッキ味噌は北方の郷土料理だけに、熱燗によく似合う。

余った身も、湯引きするだけで酒の肴だ。

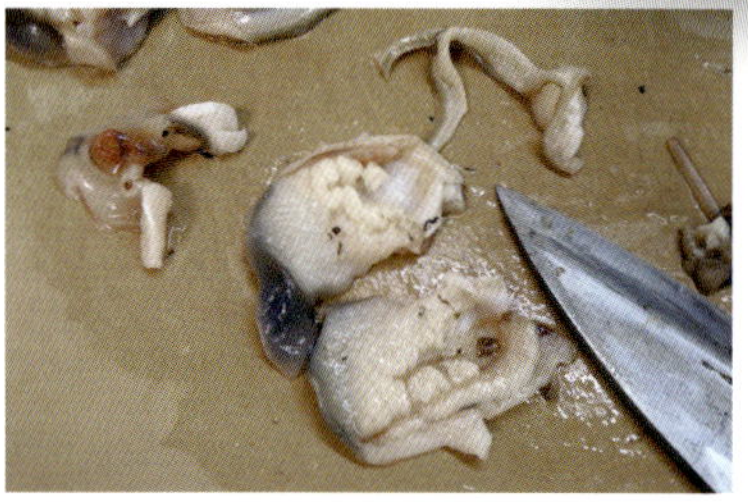

ホッキガイは北寄貝とも書かれるが、標準和名はウバガイ。 剥き身のヒモと柱を外したら、身（舌とも）を開いて糞を取り除く。 塩をたっぷりふって、揉み洗いしたら水気を切る。

再度塩をしたら、酒と鷹の爪だけで揉み和える。

空き瓶に詰めて、時々振り混ぜながら冷蔵庫で二～三日寝かせる。くったりと漬かった、ホッキの塩辛。酒のアテには、もってこいだ。

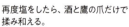

自分でつくる
酒の肴

青柳なめサンガ＆串干し

漁師料理は味噌と長ネギが基本。

南房総の漁師料理で、なめるように食べる山家料理のこと。
青柳をたたいて、長ネギと味噌で和えるだけ。 貝の妖艶な香りと味噌の相性がいい。

青柳の標準和名は、バカガイ。
剥き身は腹から水管に向けて串を打ち、強めの塩をふったら水が垂れるので厨房でしばらく干す。

水が出て落ち着いたら風に当てて干す。
一夜干しでもいい。

焦がさないよう、熱を通す程度で焼き上げる。 噛みしめて、海の香りに上等な日本酒が欲しくなる。

京急新子安
『市民酒蔵　諸星』

横浜の伝統を受け継ぐ市民酒場で、魚を食す。

「諸星」は、横浜を発祥とする市民酒場で、今では希少な一つになった。京急新子安駅の海側（東口）を降りると、そこに大きな紺暖簾が張られている。先代から受け継がれる諸星が店主の姓である。

　創業は約百年になろうとしているが、淡々とした客あしらいに驕りを感じさせない。むしろ店内にある、黒光りする柱や一升瓶の箱の重なりが、昔から来慣れた店のようで落ち着くのだ。

　店主の無駄口をきかない姿勢。さらにアルバイトだろうか、無駄のない、てきぱきとした動きで、明るく明朗な声で注文をさばいていく。長いカウンター席とテーブル席の動向を、背中で見ているとしか思えない、素早い客あしらいには感心する。

　壁にかかる数ある品書きの中で、今日の魚は厨房前にだけ貼られてある。奥行きの深い店だから常連客は歩み寄って見つめ、㊕マグロの刺し身五百二十円などを注文している。ご年配は、やはり日本酒を美味しそうに呑んで舌づつみを打っている、その一瞬の表情がいい。見えないそぶりでも、幸せを少しいただいたような気分だ。

　品書きを順に追っていくと迷ってしまうが、やっぱり大好きなイワシの刺し身四百八十円にしよう。もう一品は今では懐かしい、居酒屋の定番だったホッケの塩焼き。高いのかと思えば、五百八十円だ。

　脂がのったマイワシの刺し身は、ショウガ醤油にからめて食う。ホッピーをのど越しにして、これ以上の肴があろうかと思う。仕事帰りにやったら、至福であろう。

　運ばれたホッケは、半身ながら特大で

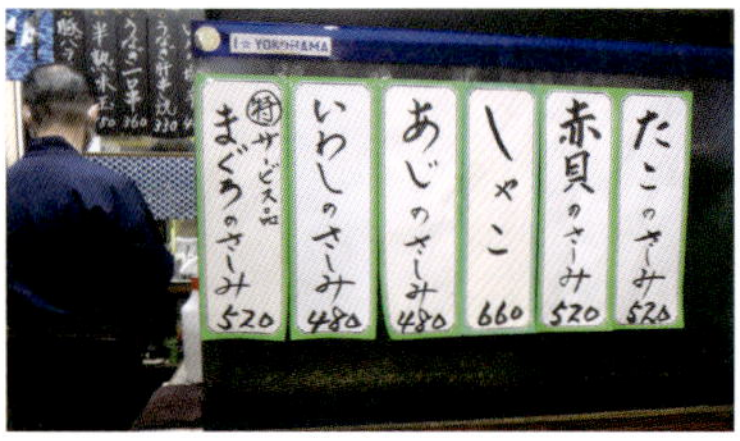

本日の刺し身は、店奥の厨房前に貼り出される。

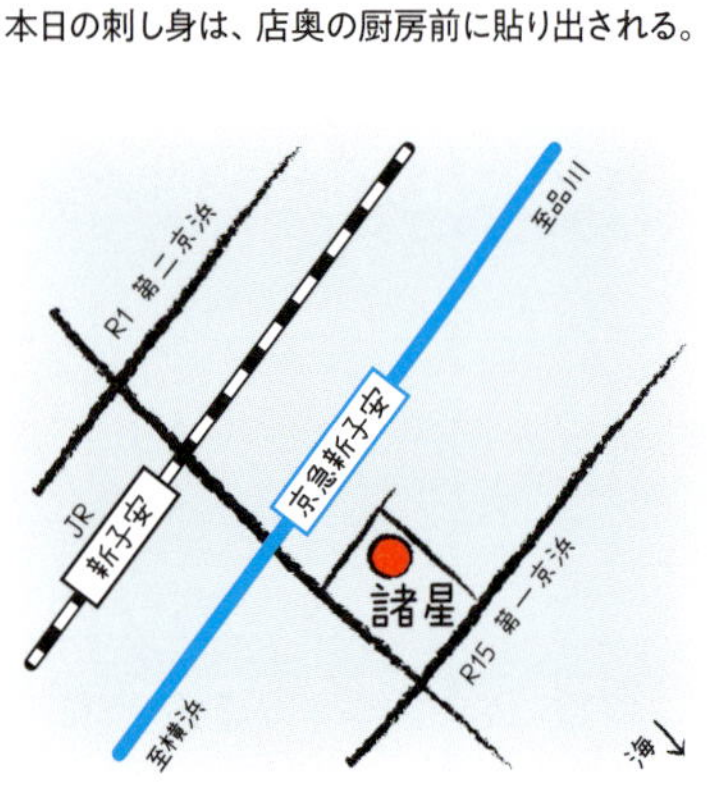

市民酒蔵　諸星

〒221-0021 神奈川県横浜市神奈川区子安通3-289
☎ 045-441-0840
㊫ 16：30〜21：00　㊡ 土・日曜、祭日

昭和情緒の漂う店構えに、暖簾をくぐりたくなってしまう。

驚いた。久しぶりの味わいを堪能しながら、皮面を見ると北洋で捕獲されるシマホッケではなく、今は希少種の近海マホッケだった。半世紀も昔、新宿辺りの安居酒屋で食べていたものだ。脂がのって旨く、腹にしっくり収まったものだった。

　ホッピーの中身を追加して、さらにまったりとした時間を過ごす。京浜急行の踏切が鳴り響いて、快特らしい電車が轟音で走り抜けていく。黄昏時にはまだ早い夕方の、独り呑みほど贅沢なものはない。

　近所の主婦らしきは、犬の散歩がてらの買い物だろうか。夕方の日差しが暖簾を揺さぶれば、酔客は帰るとしよう。お勘定をすれば締めて二千円とは、市民酒蔵「諸星」さん、嬉しいじゃないか。

長いカウンター席は対面式。 日本酒の酒類も豊富だ。

ホッケの塩焼きとホッピー、働く人が一息入れる酒の肴である。

安易な居酒屋で、新鮮な魚ほど嬉しいものはない。 見慣れたイワシが、光っている。

京急東神奈川『根岸家』

駅前ビルの一階にあって、静かなたたずまい。

戦前から横浜にあって、今も常連客が絶えない。

京浜急行電鉄は二〇二〇年三月に四駅の駅名を変更している。「産業道路駅→大師橋駅　花月園前駅→花月総持寺駅　仲木戸駅→京急東神奈川駅　新逗子駅→逗子・葉山駅」。仲木戸とは江戸時代に将軍の宿泊所があって、一帯を仲木戸と呼ばれていたことに由来するようだ。しかし、知る人には情緒ある駅名で親しまれたが、JRの東神奈川駅に隣接して混迷したのだろう、住民投票で京急線の東神奈川駅になったと聞く。

「根岸家」は戦後の伊勢佐木町にあって、隆盛を極めた伝説的な居酒屋。京急とJRの東神奈川駅前に現存する「根岸家」は、その流れをくむとはいえ、先時代のハチャメチャで生バンドが入り、二十四時間営業なんて店ではない。いたって健全、常連客でなくとも静かに呑んで静かに帰る。大声も禁物、そんな雰囲気が漂う店だ。

だが年配客に限らず、昔を偲ぶ客たちは多い。どこで聞いたか、若者たちも評判を聞きつけてやってくる。横浜の大衆居酒屋を語る上で、「根岸家」は圧倒的な存在なのだ。ということは、私たちの意識の中ではまだ戦後を引きずっているのだろうか。本牧や横須賀のどぶ板通りの風俗を見ても、そんな憧れめいたものを見ることがある。

「根岸家」は開店三十分前から、客がぼちぼち並びだす。午後四時ちょうど、戸口が開いて白衣姿が暖簾をかける。狭いから客は一列になって店に入り、常連はコの字形カウンターの定席へ。一見は勝手がわからなくて、きょろきょろする。店のお姉さんが、テーブルへどうぞ、で落着すると店に安ど感が漂う。お年寄りは、ぬる燗のお銚子が好きだ。早くも二本目をつけてもらっている。品書きはほとんど魚介類で、人気の品はすぐに売り切れてしまう。真っ先に、キビナゴ酢味噌五百円を注文して生ビール。と

根岸家
〒221-0044
神奈川県横浜市神奈川区東神奈川1-10-1
☎ 045-451-0700
㊡ 16：00～22：00 ㊡ 日曜

なりの締めサバも旨そうで、五百円を追加。狭いカウンターが、いっときで豪華になった。

　魚を売り物にしているだけに、味はどれも間違いない。締めサバはともかく、横浜の下町でこれほど新鮮なキビナゴは珍しい。青ガラスのような輝く身は、奥歯に小気味よく砕ける。濃い味の酢味噌は少なめにして、食べるのが味わうコツのようだ。

　締めサバは、大衆居酒屋の定番だ。よく締まったヤツは、濃く溶いたワサビ醤油をたっぷりつけるといい。げすな食べ方だが、安酒にはよく似合う。芋焼酎はロックに切り替えて、今日もゆっくりと呑むとしよう。

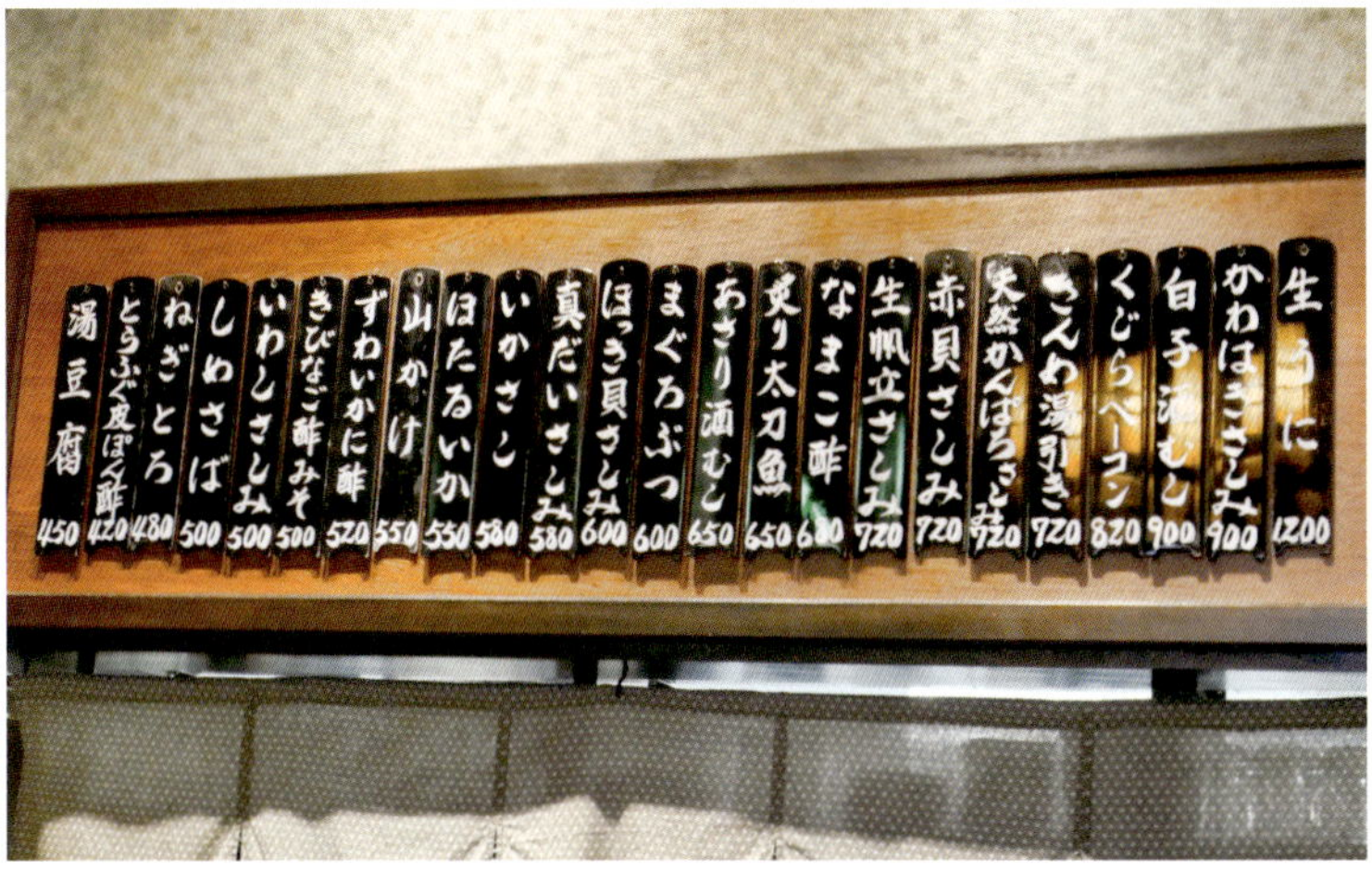

魚介類だけの品書きが、美しく並ぶ。

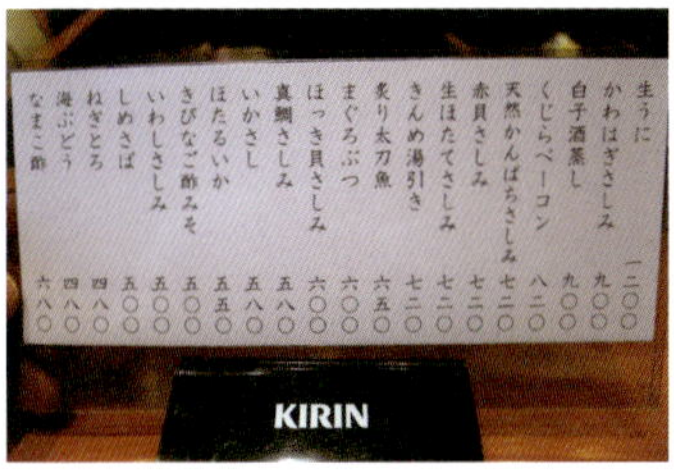

常連客が真っ先に陣取る、店内コの字形カウンター席。カウンター席の前にも、魚介類の品書きがあって、裏側が煮物焼き物など。

キビナゴ酢味噌と締めサバ。切り干し大根は、お通し。

マダイとサーモン、ネギトロの升盛り。 マダラの白子の天ぷら。 一人で、これだけあれば文句ない。

横浜『居酒屋 さがみ』

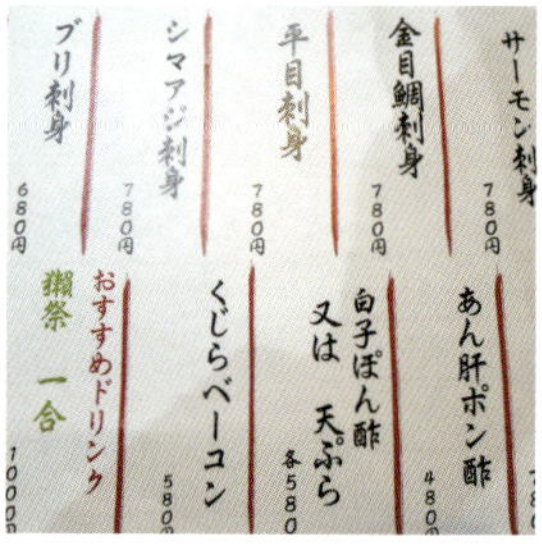

チェーン店のような店構えだが、単独店舗だ。 刺し身の盛合わせとおすすめ鮮魚単品の品書き。

横浜駅西口の、雑踏街に魚の旨い店があった。

京浜急行線の三大駅はオフィス街の品川駅、京浜工業地帯を抱える川崎駅、開港の地でありMM21など近年も発展著しい横浜駅だ。

駅ビルを東口に出ると、高速道路と国道一号線に行く手をふさがれる。西口は商業施設が多く建ち並び、左手のジョイナス一階自由通路を通って、大手のカメラ店や飲食店がひしめく辺り。通称「五番街」と呼ばれる片隅に、居酒屋「さがみ」はある。

商売の激戦区だけに、どの店も店頭を賑やかに飾り立てる。「さがみ」も夕方四時から大きな提灯が下がり、看板には六時までの早割セット・刺し身など料理四品に生ビールがついて九百八十円。小ぢんまりとした店かと思いきや、暖簾をくぐると店内は意外に広く、百人くらいは収容可能という。

料理は魚がほとんどで、店名の通り魚は相模湾を中心に仕入れているのだろう。一人用でお得な升盛り七百八十円はマダイとサーモン、ネギトロのたたき。もう一品はマダラの白子五百八十円を、ポン酢ではなく天ぷらでいただくことにする。

生ビールは早割サービスで三百九十円。刺し身はどれも鮮度、口当たりも申し分ない。小さな升の盛りつけも、一人前でちょうどよく有難い。白子の天ぷらに箸をつけると店員が、「塩もいいですよ」と持ってきてくれる。食卓になかったからだが、なんでもない心遣いが嬉しいじゃないか。一杯で帰るつもりだったが、レモンサワーに切り替えよう。

「さがみ」は、創業三十周年という。横浜の駅裏で、これからも頑張っていくに違いない。まだ夕方の外へ出ると、横浜の五番街は雑踏のど真ん中だった。

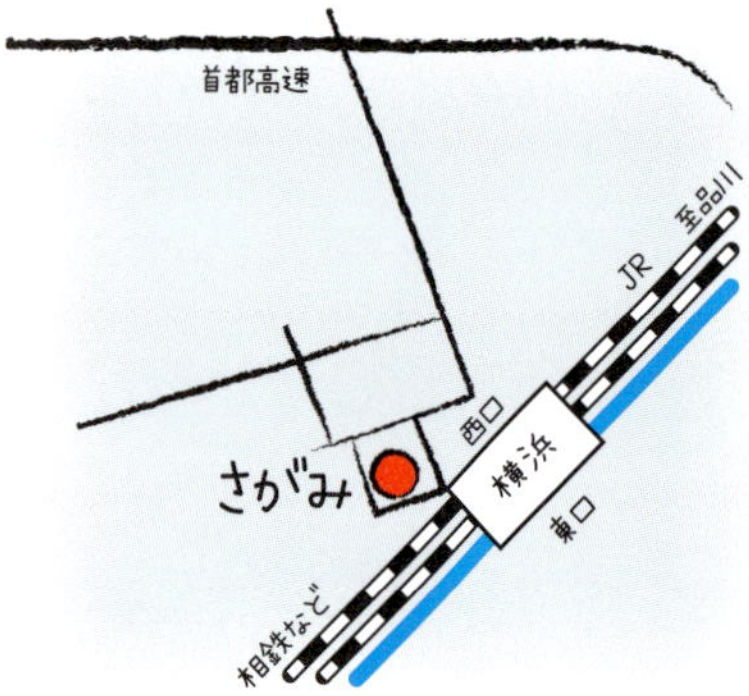

居酒屋 さがみ

〒220-0005 神奈川県横浜市西区南幸1-5-25
☎ 050-5485-1301 ㊟ 15：00～22：15 ㊡ 水曜・日曜

魚で肴

ウマヅラハギ

ウマヅラハギのせいか、本家らしきは本カワハギなどと呼ばれる。
ウマヅラは馬面、ちょいと吻が長い。
偽カワハギの扱いを受けていたが、
近年は高級魚の仲間入りをして養殖まで行われている。
スーパーでも堂々とウマヅラハギの名で、嬉しい限り。

カワハギも同様、肝臓が珍重される魚だ。

胸ビレの際から包丁を入れ、背骨まで切り落とす。

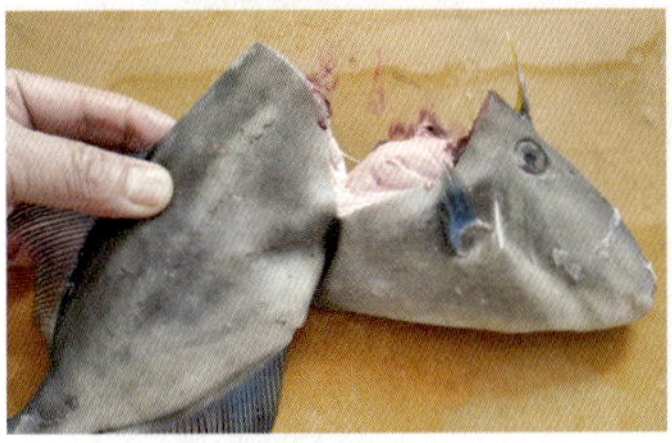

頭部を腹側へ曲げると、胴体は離れる。

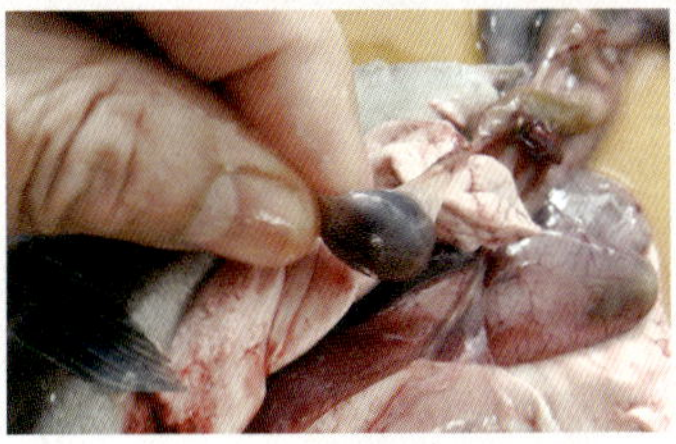

肝臓に付着する胆のう（苦玉）は、つぶさないよう取り除く。

肝臓は吸水紙に取り置いて、三枚に下ろす。

長ネギを刻み、粗切りした身と味噌、肝臓をたたき和える。

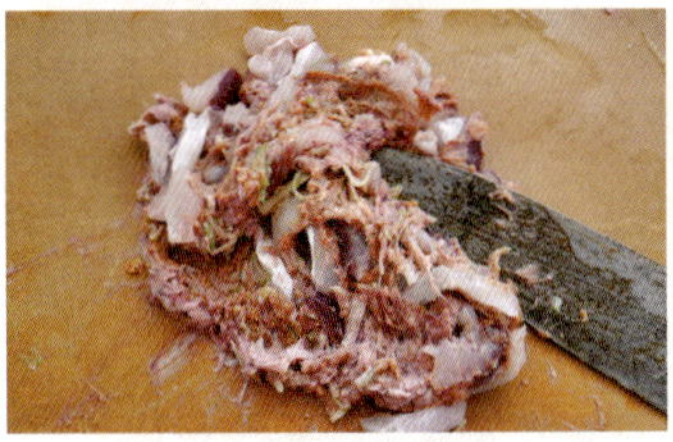

ペースト状にするのではなく、荒っぽくたたき和えた方が美味しい。

アルミ箔や耐熱皿などに、厚さ一㌢ほどに広げて天火で焼く。

塩焼きした頭部と尾ヒレの中落を、皿に飾っておく。

焦げ目がつくくらいに焼けたら、用意した皿に盛りつける。

ウマヅラハギの肝和え焼き

一口食べると、万人が目を丸くする。

戸部
『魚友水産』

住宅地の路地に隠れながら、住民に人気の魚屋。

殺風景な路地裏に「魚友水産」があって、活気がいい。

京急の戸部駅周辺には、いわゆる露店の魚屋はない。市民酒場「もりや」の店主曰く「昔はあったのですがねぇ、みんな外食チェーン店になりました」。

戸部駅前から日ノ出町方面へ向かうバス通りを十分ほど歩くと、伊勢町のバス停が見えてくる。その脇道をちょっと入ったところに、活発な魚屋「魚友水産」を見つけた。周辺は淋しいほどなにもない、静かな住宅地だ。突然元気な「いらっしゃい！」の呼び声に、驚いてしてしまう。

中をのぞき見ると、魚の品揃えが凄い。そして、どれも安いのだ。鮮魚のとなりはお惣菜コーナーで、魚貝類から野菜の煮つけまである。近所ではなくてはならない、人気店だと確信する。

今日は静岡産のサバがいいよと言われなくても、鮮度のよさは一目瞭然。グラム表示ではなく、一匹で三百五十円だ。愛知県産のアサリは潮を吹いて、一山二百五十円。高級魚のサヨリも、四匹で五百円だ。中サイズに届かないが、開き干しには丁度いいサイズだ。決めたら、明日の晩酌が楽しみだ。

サヨリはこのサイズより大きくなると、庶民には手の出ない価格になる。

静岡産のマサバ。輝くほどの鮮度で三百五十円だ。

愛知県産のアサリ。酒蒸しにして一杯やりたい。

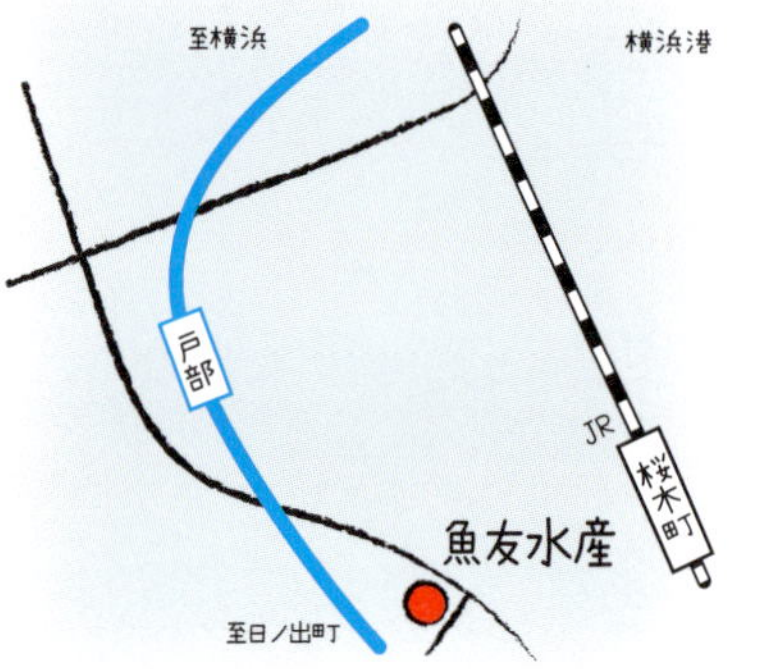

魚友水産

〒220-0045 神奈川県横浜市西区伊勢町1-62
☎ 045-242-6602
お刺し身はお昼ごろから店頭に並び、
夜は8：00ころで終わり。 不定休。

すべての魚に産地表示がついている。 この安さは、ほかにない。

自分でつくる酒の肴

サヨリの開き干し

焦がさないように焼き、手でほぐしながら食う。

透明なウロコを落としたら、水気を切ってまな板にのせる。

エラ口から包丁を入れて、背側から中骨に沿って開いていく。

腹ワタとエラを取り除く。

内腹の、黒い幕をタワシで洗い取る。サヨリは外見の美しさで、腹黒い女にたとえられたりする。

水気を拭き取ったら、適宜に粗塩をふる。立塩（塩水）に浸すのは、魚が多いときに都合がいい。

風通しのいい日陰に、半日（十二時間）ほど干す。一夜干しでもかまわない。

焦がさないように、ゆっくりと焼き上げる。
手で身をむしり取りながら食う。
片手には、大きめなぐい呑みがよく似合う。

戸部『市民酒場 もりや』

四時の開店と同時に入店したら、店主が急いで暖簾を出す。

市民酒場「もりや」の暖簾と、頭上には大衆酒場「もりや」とある。

カウンター席には各種の一升瓶が並び、頭上には品書きが隙間なく下がる。

四代目が店を継ぐ、人気は変わらずタラ豆腐。

京急戸部駅を降りて、国道一号線を海へ向かって三分ほど歩くと右側前方に「もりや」は見える。白い暖簾に染め抜きで市民酒場とあれば、一見の客も入りやすい。

横浜の市民酒場は昭和初期に、飲食店業者の団体である市民酒場組合が発祥。やがて横浜市民酒場連合会となり、神奈川県ふぐ協会もここから誕生した。初代の会長が京急では南太田を最寄り駅とする「忠勇」で、横浜市民酒場は底辺でつながっている。

戦前戦後と西区の代表企業だった三菱重工業横浜造船所は、昭和五十八年に本牧地区へ移転。西区の飲食店街は賑わいを失うが、数軒の市民酒場が、今も頑張っている。

「もりや」は、大正時代に創業。昭和二十三年に今の地で営業を始めて、現在は四代目が店を取り仕切る。無駄口をたたかない店主かと思いきや、話し出すとおもしろい。笑うと、人懐っこさがうかがえる。

夕方四時の開店を待っていると、時間通りに店主が出てくる。手に持った白暖簾には黒字で「もりや」と染め抜き、端にはトラフグのイラストが描かれている。フグ料理もやる大衆居酒屋が、市民酒場の心意気だ。

店に入ると左手の厨房に沿ってカウンター席、右手は八人掛けのテーブル席が二つに奥座敷も広そうだ。全体の色調と、漂う空気にも懐かしさを感じる。安心感とでもいおうか、まぎれもない昭和の匂いがある。

わざと田舎造りを装った店が多い中で、歴史の重さがずしりと伝わる店だ。カウンター席の端に座ると、「あっそこ、吉田類さんが先日座りました」。居酒屋放浪記ですっかり有名人だが、拙著『ウツボはわらう』(世界文化社)のイラストは全頁を彼にお願いした。

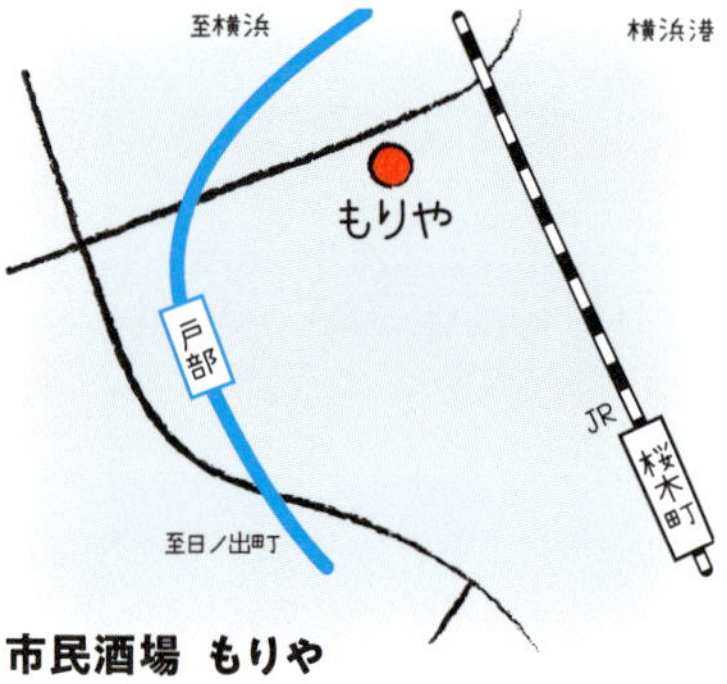

市民酒場　もりや

〒220-0041 神奈川県横浜市西区戸部本町38-9
☎ 045-321-3823
㊫ 16：00～23：00 ㊡ 日曜

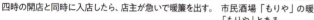

尻がくすぐったい感じで、ビールを注文。品書きは、厨房の中が見えないほどにぶら下がっている。今日のおすすめをうかがうとイワシ刺し身六百円と返事がある。血合いは鮮やかに赤く、皮下の白い脂層が厚い。マイワシの流れるような脂の甘みには、芋焼酎だ。

「タラ豆腐が伝統料理で、味は半世紀以上変わらないです。類さんも食べました」。

タラと豆腐を、お湯だけで煮込んだ味わいは、ホッとする優しさ。下に昆布が敷いてあり、たっぷりの鰹節に青ネギが散らされている。自家製のポン酢をすすめられて、少し垂らしてみると、これもよかった。

品書きを見上げて、イワシの刺し身六百円を注文。

店主がすすめるだけあって、
表皮下の脂は白く厚く、赤身は鮮度を保証する。

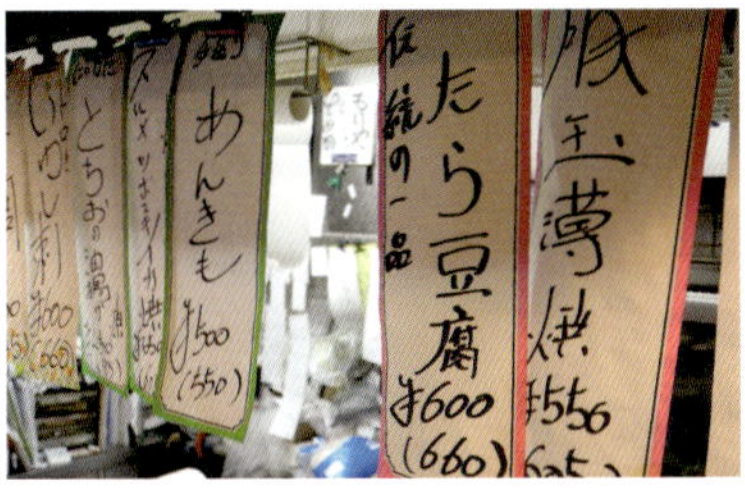

タラ豆腐は伝統の一品、とあり六百円。
迷わず注文だ。

ただ煮ただけの、優しい味わい。
タラの身は木の年輪を剥がすように、きれいに
割れていく。 熱々の豆腐との相性がいい。

日ノ出町『たまや』

名物は「おやじ盛り」、刺し身で腹いっぱいだ。

昼から定食屋を兼ねた居酒屋は、呑み助には嬉しい憩いの場だ。

横浜の歓楽地といえば、昭和歌謡で大ヒットした「伊勢佐木町ブルース」の界隈だろう。京急の日ノ出町駅から、ランドマーク化しているドン・キホーテが見える。商店街は伊勢佐木モールと呼ばれる直線道で、脇道に少し入ると全国チェーン店から離れた、料理でも客を選ぶような専門店が点在する。

食事処と昼から居酒屋を兼ねる「たまや」も、隠れたような路地にある。小さな赤提灯は昼から灯るが、遠目にはよくわからない。料理は何でもあるようだが、壁の品書きを見ると魚、中でもマグロに力を入れているとわかる。元気な店員曰く「お二人だったら、おやじ盛り、お勧めよ。マグロも各種盛りだくさんで一六五〇円よ」。「はい、それでお願いします」。意を決して、正解だった。極上とはいえないが、刺し身で一杯やるには事足りる。なにせ、安いのがいい。

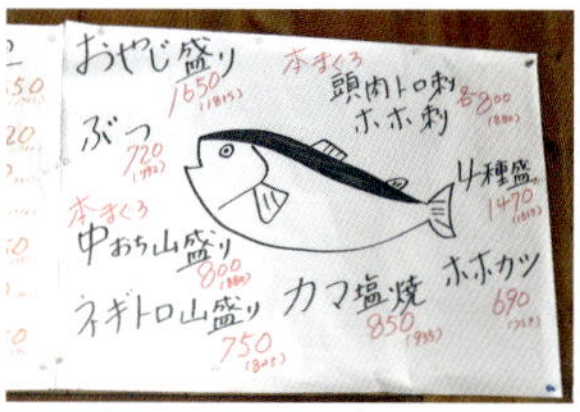

店長にうかがうと、マグロは畜養モノとのこと。産卵孵化から育てる完全養殖と違い、幼魚を捕獲して成魚にまで飼育したマグロだ。近年の養殖技術の発展は目覚ましく、バカにしていると時代遅れになる。サケ・マス類はいうに及ばす、多くの海水魚も我々は知らずのうちに、畜養の恩恵を受けているのだ。

その畜養マグロの刺し身、ほほ肉を食べてみる。筋っぽいながらマグロの甘みがじわりと滲み、嬉しくなってくる。特筆すべきは、ミズダコの吸盤がよかった。大きな吸盤だけを盛合わせに添えてくれるなど、嬉しいじゃないか。

長いカウンターとテーブルは、大衆店の基本設計だ。

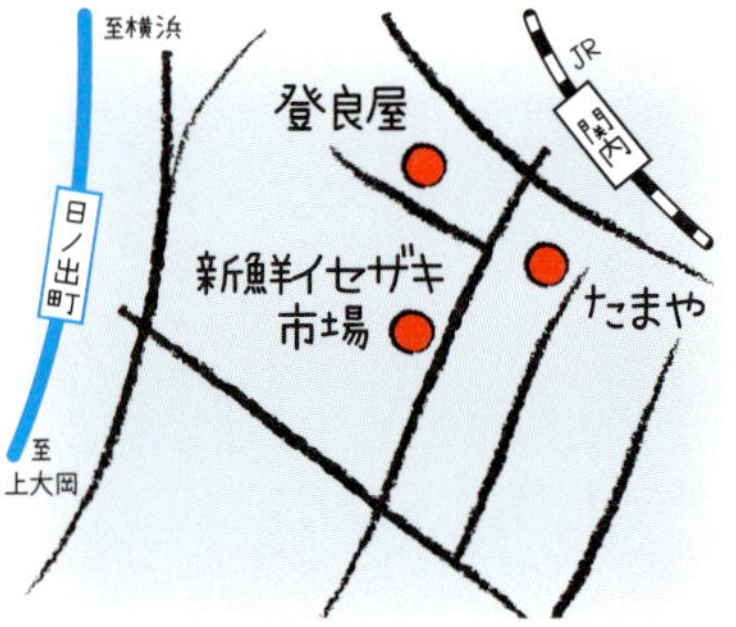

たまや

〒231-0045 神奈川県横浜市中区末広町2-6-10
☎ 045-263-0425
㊮ 平日 11:30~14:30、16:30~22:30
土日祝 11:30~21:30 ㊡ 無し

名物の「おやじ盛り」。一盛りだが、四人でも楽しめる豪華さだ。

魚で肴

ホッコクアカエビ

通称アマエビで、よく知られる。
冬場の日本海から北海道でよく捕れるが、
冷凍ものは一年中あって外食産業には欠かせない。
ここでは捕れたてのホッコクアカエビを扱う。
冷凍アマエビでは太刀打ちできない、野趣あふれる男の料理なのだ。

利尻島の小さなスーパーでは、船から揚がったばかりが一袋三百円だった。

たっぷり塩をしたら、三時間ほどザルにあけて水気を切る。

ボウルに移したら塩をさらに足して、杵で打つように全体をつぶす。

小口切りの赤唐辛子をたっぷりと振りかけ、さらに叩きつぶす。

がん漬け風アマエビ

佐賀の名産、シオマネキを使った蟹漬けを真似た料理だ。

瓶詰にして三カ月は、毎日掻きませながら保存したい。
ねっとりしてきたら、食べ時だ。 ごわごわした固い部分の食感がいい。

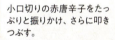

日ノ出町『登良屋』

三人前の刺し身。 シマアジ、アオリイカと圧巻のカツオ盛り。

登良屋
〒231-0041
神奈川県横浜市中区吉田町2- 3
☎ 045-251-2271
㊡ 日曜・月曜
※地図は46ページ

繁華街の伊勢佐木モールから、一歩入っただけの別世界。

天ぷら屋でも刺し身、魚の吟味には妥協しない。

日ノ出町駅から横浜の繁華街・伊勢佐木町までは徒歩で五分ほど。その伊勢佐木モールの関内方面口近く、路地を少し入ったところに「登良屋」(とらや)の暖簾が風に揺れている。

一見、老舗の料亭のようだが、その通りと思って間違いない。看板の天ぷらだけでなく、魚の刺し身にも一家言をもって譲らない。繁華な商店街から一歩離れて、ひたすら我が料理の伝統を守っている。そんな頑な姿勢を、登良屋に見る。

瓦庇の玄関は閉ざされていて、やや広い通りに面した正面の片方が出入り口だ。古風なすりガラスから中は見えないが、天ぷらだろう、ごま油の香りが辺りに漂っている。思い切って中へ入ると白木のカウンター越しに白衣の親父兄弟が二人、驚いたような顔で「いらっしゃい!」。

快く迎えられて、近くのテーブル席へ。天ぷら屋だが、刺し身も自慢と聞けば盛合わせでお願いしよう。芋焼酎はボトルにして水割り、お新香は古漬けにして待つことしばし。やがて運ばれてきたシマアジ、アオリイカ、カツオの三種の刺し身は、光り輝くほど美しい。薬味には生ワサビのほかにミョウガ、紅タデ、スダチ、高価な芽ネギが添えられたら、手仕事である大根のツマも特筆せねばならないだろう。

「登良屋」では、板前の弟さんが魚の仕入れを担当する。厳しい目利きで、気に入らないと「本日はカツオなし」となる。自らもカツオ漁に出るようで、店の壁には疑似餌が幾種も飾られている。カツオに命をかけているような店だから、食べる方も緊張は免れない。

大きな一切れを頬張ると、ねっとりと

舌にからみつく。まるで厚切りの羊羹を噛みしめたような、もっちりとした味わいだ。こんなカツオ、ほかに知らない。聞けば気仙沼の水揚げ、遠く沖縄辺りで捕獲された一匹であろうか。味わって言葉にならず、親父らは満足そうに笑っている。歓楽街の片隅に、本筋をいく店があった。

「登良屋」は昭和三十三年に創業。今の店主は二代目で、弟が魚を担当。鋭い目利きは、常連客に知れ渡る。カツオの仕入れには妥協を許さず、兄弟の母親がカツオ漁師の網元出身と聞けば納得。刺し身でもカツオの盛り方だけが山のように重なるのは、母方の出身地である三重の伝統と聞く。

天ぷらは野菜が中心だが、クルマエビも好みで追加できる。サクッとして油気を感じさせないのは、これも吟味された横浜の老舗「岩井の胡麻油」にあった。

刺し身の盛合わせから天ぷら、ほかにヌタ料理など小鉢までいただいて、一人前五～六千円。大満足で店を出れば、見慣れた伊勢佐木町がまぶしく見える。

兄と弟の荒井兄弟。 奥座敷もあって、夜席は予約でほぼ満席。

食事をする人も、お酒の人も、ゆっくりとした時間を楽しめる。

一人前の野菜天ぷら。 サクっとしてゴマ油の香りが爽やかだ。

日ノ出町
『新鮮イセザキ市場』

繁華街のスーパーマーケットで、鮮魚が豊富だ。

　伊勢佐木町のメインストリート、伊勢佐木モール沿いに魚屋はない。旧「松坂屋」の跡地にできたカトレアプラザ伊勢佐木内に、「新鮮イセザキ市場」があって、中の「㈱魚喜」が意外や頑張っている。

　路面店の魚屋では、生臭さに閉口することもあるが、ここでは一切ない。すべてがラッピングされているだけでなく、鮮度はもとより下処理が完璧なのだ。ドラッグストアなど日用品とフロアを同じにする魚屋の、決意と努力がうかがえる。

　刺し身パックのほか、お惣菜用の切り身、一匹丸ごとラッピングされた、大きなスズキやマダイも家庭用だろうか、いずれも魚好きにはたまらない。どうしてくれようと見つめていると、時を忘れてしまう。

　目が止まったのは、お手ごろ値段のスルメイカ。ふっくらとした腹といい、色つやといい、良さそうな肝が見て取れる。刺し身にしても良しの二杯を買って、今宵は塩辛を仕込みながら一杯やることにしよう。

　酒の肴づくりは、呑みながらが楽しくていい。男の料理なら、なおさらだろう。イカの塩辛づくりは、男の料理である。極上のイカで塩以外、なにも足さない。柚子や味醂など、化粧の味を排除した、生のままで勝負する。とはいえ、出来栄えは日々違う。これは！　という逸品は、稀にしかできない。それも楽しい、酒の肴だ。

カトレアプラザ伊勢佐木内の「新鮮イセザキ市場」。魚屋「魚喜」はその中にあって、魚の鮮度と清潔感が漂う。

一匹丸ごとの魚も、ラッピングされている。

新鮮イセザキ市場

〒231-0045
神奈川県横浜市中区伊勢佐木町1-5-4
カトレアプラザ伊勢佐木1F
☎ 045-260-0571 ㈱魚喜
㊐ 10：00～20：00 ㊡ 元旦のみ
※地図は46ページ

自分でつくる
酒の肴

スルメイカの塩辛

肝を使った塩辛にもつくり方あり、男料理の神髄。

鮮度が良く、丸みを帯びた腹に張りがあると間違いはないだろう。

胴部（外套膜）に指を入れて頭足をつないでいる腱を切り、背骨を引き抜く。

頭部をしっかりとつかみ、腹ワタを切らないように注意して引き抜く。墨袋や胃袋を取り捨てる。

大きな肝を頭部から切り離したら、たっぷりの塩をして二~三日冷蔵庫へ。

胴部を開いて、付着している内臓物を洗い流す。

表皮を剥がしたら、内側の薄皮もしっかり剥がすこと。

胴部は両端を切り取ったら二等分にする。二杯なら四枚の身だ。
塩漬けされた肝は薄皮の袋から、指で搾り出すようにする。

身と和えたら瓶詰にして楽しめる。熟成された肝は、刺し身の上に載せても逸品の塩辛だ。

黄金町『マンナ』

海鮮のスンドゥブチゲ、熱々が旨い。

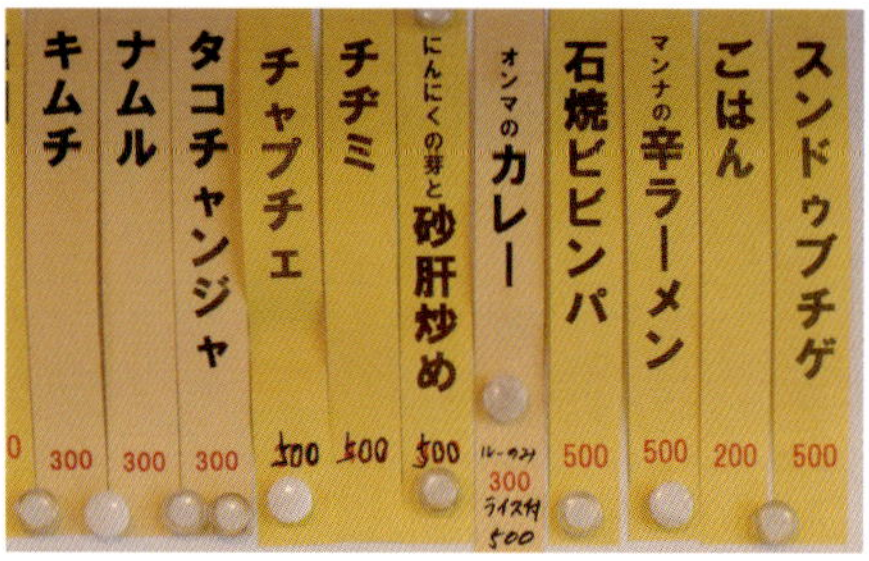

品書きが三百円から五百円になったのは、常連客が見るに見かねてのこと。

タコチャンジャの逸品。

繁華街の片隅にあって、まったく目立たない。

日本料理だけじゃない、韓国も負けていない。

横浜の歓楽街といえば、ちょっと古いが青江三奈の伊勢佐木町ブルースでも知られるその界隈。関内から遊歩道の商店街、伊勢佐木モールが真っ直ぐに伸びて、右手奥には大岡川が平行するように流れる。地理的には、伊勢佐木モールと大岡川の間辺りの一角に、韓国料理を専門にする立ち飲み屋マンナはある。

うっかり見過ごしてしまうほど小さな店は、賑やかな街中にあってはさらに目立たない。いつも常連客で溢れるようだから、通りがかりの人は不思議そうにのぞいていく。人気の第一は、安いこと。女将の日本語がいまいち通じないのも、愛嬌があって客は楽しい。雑居ビルの一階で、立つ場所がないと外のドラム缶がテーブル替わりだ。てんてこ舞いでオーダーを間違えても、女将が笑い飛ばすからみな許されてしまう。

韓国料理は肉類だけでなく、魚介類も多く使う。チャンジャとは韓国の辛い塩辛とでもいおうか、タラの内臓を使うこともあるが、タコチャンジャは歯応えがおもしろい。小ダコの細い足が、辛味噌に漬かって三百円。海鮮チヂミにはアサリやエビ、マダコにカキなどが贅沢に入った特別価格で千円。スンドゥブチゲはエビのほかアサリやタラなど、海鮮づくしで五百円だ。安さだけではない、韓国の

会社が引ける時間になると、混雑は避けられない。 雑居ビルの一階にあって、狭いながら不思議な空間だ。

マンナ
〒231-0056神奈川県横浜市中区若葉町2-15
若葉町2丁目共同ビル
☎ 045-252-0317 ㊋ 17：00～22：30 ㊡ 月曜

本格的な海鮮料理が味わえるのだ。

魚料理は、世界中にある。魚の個性を味わうなら、刺し身が一番だと思うが、国によって違う、食文化を楽しみながら呑む酒もいい。お酒だって、料理に従いたい。韓国なら甘めの焼酎チャミスルもいいが、発泡気味の生マッコリの千円はおすすめだ。アルマイトの薬缶に入って、量がすこぶる多い。カップも給食の脱脂粉乳を連想させるアルマイトで、安っぽい金属の口当たりが、どぶろく風によく似合う。

三合ほどのマッコリを呑み干したら、締めは冷麺。真夏でも真冬でも、ほぼ零度の冷麺は喉越しから脳髄へ、全身を目覚めさせてくれる。これが、なんと五百円。豚骨出汁をたっぷり含んだ氷スープを、溶け切らぬままに飲みつくす醍醐味。ただし忙しいと、冷麺はつくってくれない。

ちょっと贅沢な、具だくさん海鮮チジミ。

生マッコリは、アルマイトの薬缶で出てくる。

笑いの絶えない韓国立ち飲み「マンナ」、魚貝料理もある。

黄金町『えき缶酒場』

サバの水煮缶には、マヨネーズと醤油と七味唐辛子が基本。

飾り棚に、魚介の缶詰がずらりと並ぶ。缶詰とは思えない品揃えに、食指が動く。

こんな缶詰があったとは、インド人もビックリだ。

酒の肴が缶詰だって、いいじゃないか。

酒の肴に缶詰があっても、いいじゃないか。貧乏学生だったころ、四畳半一間の酒のアテはいつも、サバの水煮に醤油とマヨネーズ、七味唐辛子をふっただけでご馳走だった。訪ねてきた友人と二人で、安ウイスキーの一本くらいは飲めたものだ。まぁ終盤には、マヨネーズに醤油を絡めただけの箸先をなめているのだが。

京急黄金町駅の構内に、魚介類の缶詰を主にした立ち飲み屋がある。その名も「えき缶酒場」で、見たこともない缶詰商品に驚いてしまう。サバカレー、イワシカレー、広島カキ燻製油漬け、スモーク鮭ハラス、北海道ホタテ燻製醤油漬け、赤貝味つけ、おいしいイカ味つけ、などのほかにも殻つきアサリたっぷりの、ボンゴレ風「そばゲティ」なるものもある。

京浜急行電鉄の子会社である京急ロイヤルフーズ㈱が運営する「えきめんや」の一つで、立ち飲み形式の「えき缶酒場」は黄金町だけ。早朝から夕方四時までは立ち食いの蕎麦屋で、以降が勤め帰り客をあてこんだ呑み屋になる。二〇一〇年に開店というが、缶詰で一杯も気安くていいのだろう。店は駅を利用する、常連客でもっている。

まだ早い時間に生ビールを注文して、缶詰が並ぶ棚を探る。目移りするが、やっぱり基本はサバ缶の水煮であろう。トッピングのマヨネーズは無料と聞けば、嬉しくなって気分が盛り上がる。缶詰メーカーも吟味しているのだろう、ラベルには大手ではなさそうな製造所名が記してある。

イワシカレー缶も食べたかったが、一人ではきつい。缶詰とはいえ、数人でいろんな味をつつき合うのがいいようだ。カキの燻製も食いたかったと後ろ髪を引かれながら、黄金町駅を後にする。

黄金町駅の改札口前にある、「えきめんや」を兼ねる「えき缶酒場」。

えき缶酒場

〒232-0005 神奈川県横浜市南区白金町1-5
㊐ 月~金 6：45~22：00（16：00~ 居酒屋タイム）
土日祭 6：45~21：00（15：00~ 居酒屋タイム）
㊡ なし ※地図は52ページ

南太田『忠勇』

フグ料理を扱う、横浜市民酒場の元祖。

横浜の市民酒場に足を突っ込んだら、「忠勇」は見逃せない。中村川と掘割川が交叉する三角地にあり、創業は大正八年で百年を超える。初代店主は「横浜市民酒場組合」を立ち上げて「神奈川県ふぐ協会」設立にも携わり、フグ料理を一般に広めた人物だ。

京急の南太田駅から一六号線を南下して、吉野町交差点をさらに過ぎると、中村川の陸橋は頭上に首都高速が走る。やがて見える中村橋の信号手前を左に曲がると、突きあたりが掘割川で左手に「忠勇」はある。歩いて十〜十五分ほどだろう。

店内は黒光りしている印象で、品書きなどが所狭しと壁際を埋め尽くす。入口正面のカウンター席には、一人客が食事がてら呑んでいる様子。テーブル席と奥の座敷は数人以上の利用と思われる。

四人でテーブルを占領して品書きを見つめ、今日は奮発してフグ料理のコースを頼む。小鉢はフグ皮の煮凝り、フグ皮ポン酢など三品。フグ刺しは小皿に一人前ずつが嬉しい。みんな一緒だと遠慮して食べづらいのだ。

ちり鍋はフグの頭身やカマもあって、盛りだくさん。刺し身はしゃぶしゃぶで、カマは骨を両手で持って、しゃぶりつくす。から揚げまで出て、最後は雑炊で締め。と思いきや、宴たけなわで刺し盛りを注文。腹が減ってるやつは、うな重まで注文した。

冷奴や焼き鳥などもあるのに、贅沢な料理を堪能した。目算もあやふやなまま勘定をすると、フグ料理のコースだけなら一人当たり呑んで約一万円だろう。たまには市民酒場で、豪快にやるのも悪くない。

忠勇の店構え。看板に見えるフグのイラストは、先代女将の直筆。

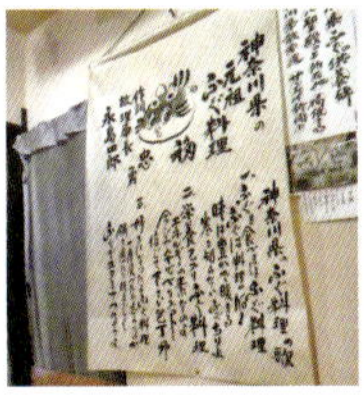
フグ料理に、命をかけてきた様子がうかがえる。

芋も麦も、焼酎は忠勇ブランドだ。

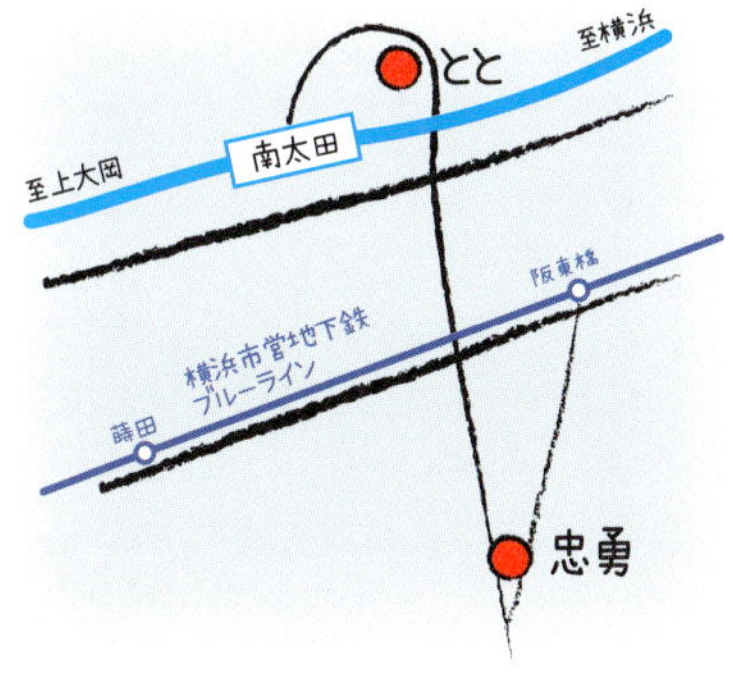

忠勇

〒232-0041 神奈川県横浜市南区睦町1-3-6
☎ 045-715-2929
㊖ 17：00〜22：30 ㊡ 月曜

左上）フグ煮凝りと、フグ皮ポン酢ほか。
右上）トラフグの刺し身、俗に「てっさ」とも呼ぶ。
左下）フグちり、の具材。 フグは濃厚な出汁が出て、最後の雑炊まで旨い。
右下）フグちりのあとの、雑炊も圧巻。

南太田『とと』

女将一人で氷見の魚をさばく、楽しい居酒屋。

京急の南太田駅は、横浜駅から四駅目。急行や快速特急をやり過ごす、通過待ち駅の印象が強い普通電車の停車駅だ。

駅ビルや商店施設などはない小さな駅前広場に、目立たない小さな店構えの「とと」はある。頭上を京急電車が轟音を立てながら通り過ぎる、まさに高架下。〝とと〟とは魚のことで、魚料理を自慢にする。入り口には「魚は富山県氷見から直送！」とあり、場所がらも不釣り合いな不思議な店である。

暖簾をかき分けて半間ほどの戸を開けると、女将と呼ぶには初々しいお姉さんが驚き顔で振り向く。突然の新客は少ないのかもしれない。魚好きを言い訳にして、カウンター席に座らせてもらう。女性客が一人で食事をしているのは、気安い店の証拠だ。生ビールを呑みながら品書きを見つめ、カワハギの刺し身六百五十円を注文する。

即座に品書きから消されて驚いた。「どうしたの？」「今日は一匹だけの入荷なの」。富山の氷見からお任せで仕入れるから、何が入っているか数量もわからないのだという。気分がうちとけたころに、会社帰りらしき常連客がちらほらとやってくる。

小さなカワハギらしく、刺し身には僅かな肝が添えられている。新鮮だから身は弾力があり、肝醤油で食べていると場違いな美味しさに笑ってしまう。新客が、「ぼくもカワハギにしよう」と言えば、「もう売りきれました」とにべもない。狭いカウンター席だから、申し訳なくて食べづらい。

どうやら魚を無駄に捨てることを嫌い、多種を少量で仕入れる店なのだ。常連客は店に入ると今日の入荷魚を確認、

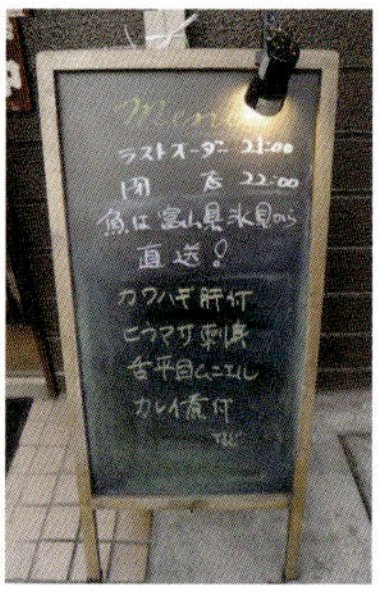

その日、富山県氷見から直送された魚が、安価で提供される。

小さな店を切り盛りするお姉さんは、常連客の人気者。

常連客の折り紙細工が、無造作に置いてある。

小さな駅前ターミナルの高架下に、小さな間口の「とと」はある。

とと

〒232-0006
神奈川県横浜市南区南太田1-27-11 駅ターミナル内
☎ 045-731-8967 営 16：00～22：00 休 日曜
※地図は55ページ

真っ先に注文してから呑みだすという。メバルの煮つけは五百五十円で、北国のソウハチ（カレイ）煮つけが七百円。欲張って両方注文すれば、生魚から下ごしらえをして煮始めている。煮魚だって、作り置きをしないのだ。その甘辛煮は昔懐かしい味わいで、骨までしゃぶった後、骨湯にして飲みたかったほどだった。

　常連の折り紙細工師は器用に磯ガニやエビなどを工作して、ご自由にどうぞと店に置く。精巧にできた一つを手にとれば、ご自由にポケットなどへ入れられない。だれかが旅行に行けば、お土産のお菓子がカウンター上のかごに入って、ご自由にどうぞ。

　思いがけなく地元に密着した、素晴らしいお店にお邪魔した。南太田の駅前で、氷見の魚に出会えるとは思わなかった。お姉さんのような女将が、笑顔で「またね」と言ってくれる。また、来ますよ。

カワハギの刺し身、肝つき。 文句なしの鮮度で、六百五十円。

メバルの煮つけは、甘辛で昔ながらの味わいで五百五十円。

南関東では珍しい、ソウハチガレイ。 甘辛味で、昔ながらの関東煮だ。

井土ヶ谷『おいらせ』

正面に「海がすき・魚料理」とある三角形の建物が「おいらせ」だ。

狭い店だが居心地良く、厨房内も働きやすいよう設計されている。

品書きの、おすすめ魚料理にウソはない。

三角形の小さな店に、魚好き魂が潜んでいる。

井土ヶ谷駅を降りたら大通りを右へ進み、大きな信号を右折する。二百メートルほど歩くと右側に「おいらせ」はあるが、よくわからない。道路に沿った三角形の建物で、正面入り口の壁に大きく「海がすき・魚料理」とある。となりに「やきとり」ともあるが、これはおまけのようなもの。

ご主人は北里大学水産学部の出身で、横浜南部卸売市場で競り人の免許まで取得したが、飲食業に転身。「おいらせ」は開業して十五年。深くまで訊かずとも、人生の苦労はうかがえる。とはいえ、魚が好きなのだ。海が好きなのである。店を早じまいしてでも、翌朝午前二時には海へ出かける。釣った魚が店の品書きにのる、そういう仕組みだ。

「店ぇ、閉めようかと思ってるんだぁ。釣りが忙しくてよぉ」。

笑顔で話す顔ぶりに、初めて会ったような気がしない。お互い、釣り好き魚好きのせいで、気さくな冗談が通じるのだ。アマダイ釣りが好きなのだろう、話し出したら止まらない。明朝も釣行が決まっていて、早く帰ってくれと笑っている。

頃合いにビールをたのみながら、壁の品書きを見る。焼き鳥とあってもメインは断然、魚料理だ。店内に焼き鳥の品書きがないのは、やっていないのかもしれない。開業当初には、そんな意気込みがあったのだろう。

山口産の特大イサキ刺し身七百円を注文すると、皮面の炙り焼きと、皮を引いた刺し身とが盛合わせで、嬉しい心遣い。初夏の爽やかな脂がのったイサキは、ご馳走だ。勢いづいてこれも特大タチウオの塩焼き七百三十円もいってみよう。腰が据わったら、日本酒の各種地酒が気になってくる。三角形の店奥の小座敷を含めても、定員は十二〜三名だろうか。駅からわずかに離れているだけで、流れ

おいらせ

〒232-0051 神奈川県横浜市南区井土ヶ谷町15-1
㊟17：00〜22：00 ㊡水曜

の客はほとんど来ないように見受けられる。近所の常連客らしきは、勝手知った仕草で焼酎ボトルを傍らに置き、ご主人と釣り話にふけっている。この店に、海も魚も嫌いな人は寄りつけない。

青森県の〝おいらせ〟には、奥入瀬と追良瀬がある。どちらも好きで、ひらがなにしたそうだ。千葉産の特大コチ刺し身七百円にもそそられたが、次回を約束して帰ることにする。いただいた領収書は、締めて千四百五十円。美味しいお魚を、いただきました。

イサキの刺し身は皮面の炙りと、皮引きの盛合わせ。魚に自信があるからできる、嬉しいサービスだ。

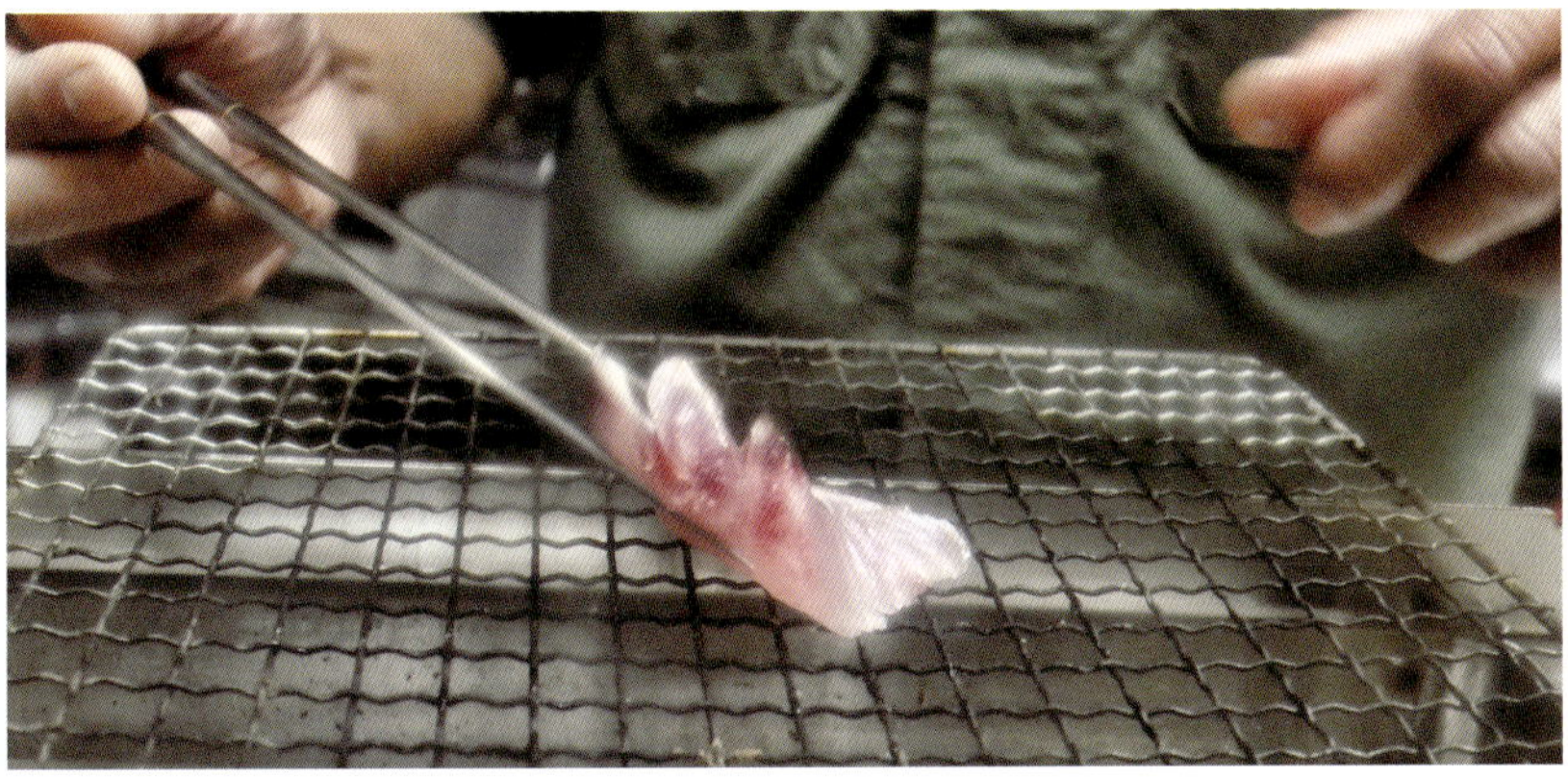
刺し身は皮つきだけを数片、皮面だけ炙ってくれる。

ふっくら焼き上がった、特大タチウオ。

弘明寺
『すし処 いなせ』

ちょいとつまんで帰る、いなせな寿司屋。

京急の弘明寺駅は、横浜方面から行くと上大岡の一つ手前駅。横浜市営地下鉄ブルーラインの弘明寺駅まで、長いアーケードの商店街でつながっている。

駅名を象徴する弘明寺は、高野山真言宗の流れをくみ、横浜市内では最古の寺院とされる。毎年の縁日には露天商が賑やかに店を開き、多くの参詣客で賑わう。

商店街を鎌倉街道まで下ると地下鉄駅で、右手へ十歩ほど行くと、すし処「いなせ」がある。寿司屋特有の気どりがなく、立ち食い屋のような店構えがいい。午後三時までのランチタイムは、吸い物つきのにぎり、ちらしが八百八十円。お好みでつまんでも、庶民価格の明朗会計で安心できる。

例えば、にぎり寿司の二カンがのる飯台(ゲタとも)の縁にII印がついていること。高級ダネほどII数が多くなり、金額は目の前に提示されている。勘定は「二ゲタ三枚、三ゲタ二枚にビール一本!」などと、はっきりしていて小気味がいい。

「弘明寺は高齢者の町になって、銭湯帰りに一杯なんてお客さんも多いですね。昼から休まず、営業している訳ですよ」。

創業五十年、三代目の店主がぼやきながらも満足そうに笑う。カウンター席の女性客は、ランチちらしを美味しそうに食べている。店主と気さくに話しているのは、地元の常連なのだろう。

こちらは大好きなコハダを、まずは握ってもらう。この季節は小さなシンコからやや成長して、もっと大きくなるとコノシロである。大好きな魚で、いつか心ゆくまで食いたいものだと思う。ビールを呑みながら、締めサバは見過ごせない、アジもと言えば今日はマイワシもい

鎌倉街道から臨む、弘明寺商店街。

カウンター席正面に下がる、明朗会計な品書き。

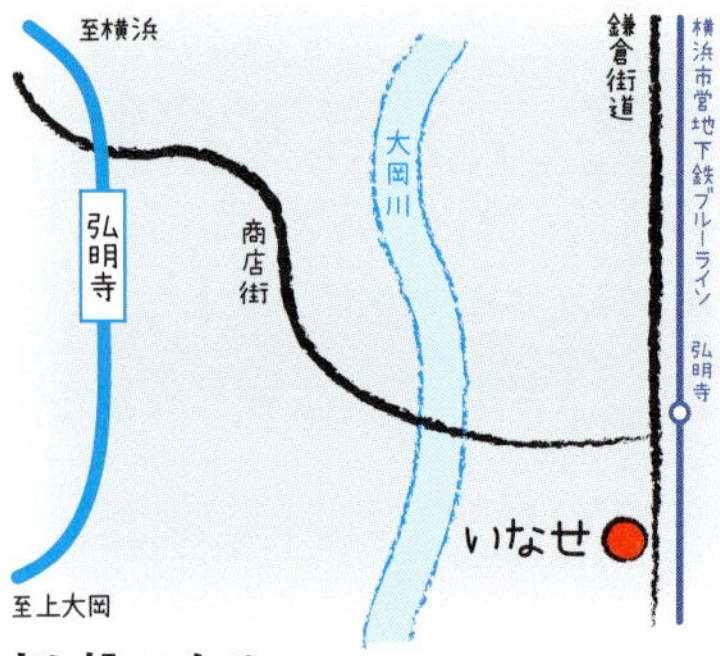

すし処 いなせ

〒232-0061 神奈川県横浜市南区大岡2-3-1
☎ 045-713-8626
㊖ 11:00~20:45 ㊡ 月曜

鎌倉街道沿いの「すし処いなせ」。気軽に、昼呑みが楽しめる。

いようだ。ちょっと腰掛けのつもりが、すっかり落ち着いてしまう。

「魚屋ですか？　個人商店の魚屋が、なくなりましたねぇ。みな高齢化して跡取りがいない。店貸しするから、どこも大手外食店ですよ」。

帰ってコハダの酢締めを、思い切りつくりたくなったのだ。寿司屋のコハダは昔から〝手間を食わせる〟と言い、安い魚を手間のかかる仕込みでカネに替える。今はすっかり高級魚になったが、手間のかかることには変わりがない。

目には青葉の季節、上大岡の「ひまわり市場」まで行けば見つかるかもしれない。三十匹買って二枚に開けば、六十枚になる。それでも食べ出したら、アッという間になくなってしまうだろう。手間なんて、あっけないものだ。

ランチちらし八百八十円。 甘めの油揚げがあって量はほどほど、女性好みとの評。

幼魚のシンコは一カンに二〜三匹づけ。

成魚コノシロの若魚、青年の風格が漂うコハダのにぎり。

左からマアジ二カン三百七十四円、マイワシ二カン二百六十四円。

自分でつくる酒の肴

コハダ酢

寿司屋は手間を食わせると言う、ならば自家製。

コノシロの若魚で、十㌢前後をコハダと呼ぶ。成長するほど呼び名が変わり、塩と酢で締めて相性がいい。 人気は若魚ほど高い、希な魚だ。

ウロコを取りながら頭部は胸ビレの際から落とし、腹部は切り取る。

血合いなど、しっかり水洗いしたら水気を拭き取る。

三枚に下ろしたら、腹骨を切り取る。

皮は残したままザルに並べて、塩は多めに振る。

塩を水洗いして拭き取ったら、昆布を敷いた生酢に一日ほど浸す。

水気をしっかり拭き取ったら、
皮面に飾り包丁を入れて皿に盛る。
酒を呑みながらだと、
十匹くらいは食べてしまう。

上大岡
『じぃえんとるまん』

大人の駄菓子屋がコンセプトの立ち呑み屋。

神奈川県を通過する京浜急行では、横浜駅に次ぐ主要駅だろう。駅ビルは京急百貨店であり、売り場から改札口へ直結する。

商店街に並行して流れる大岡川はその昔、青の日とか赤の日とも呼ばれたらしい。川沿いに捺染工場があって、川で染め物を洗っていたからだ。今はきれいな水を取り戻そうと、自治体だけでなく、多くのボランティアも活動している。春は桜祭りなど、様々なイベントが催される。

上大岡駅の鎌倉街道側に出たら、商店街を大岡川の方面に歩いて右側へ十メートルほど。昼から縄のれんと赤提灯が見えて、「じぃえんとるまん」とあるだろう。コンセプトは、大人の駄菓子屋。小銭を握りしめて、一杯呑めるってわけだ。

立ち呑み屋、である。だから、というわけでもないが、すこぶる安い。それでいて、魚貝類のメニューが充実している。試しに定番のマグロを外してスズキの刺し身三百円を注文する。鮮度に関係なく当たり外れのある魚だが、歯ごたえ甘みともに申し分なし。仕入れ担当が毎日、市内の南部卸売市場に通うと聞けば納得だ。

勢い勇んでキス天三百円を注文した後に、アジフライ百円に気づく。安い店こそ細かなカネ勘定になるのは、どうしてだろう。雑念を払拭して、つまみ三品を並べる。我ながら贅沢な、昼呑みに突入だ。

カウンター席のほかに、テーブル席などが広がる。

スズキの刺し身三百円、その味わいに文句のつけようがない。

キスの天ぷら三百円、サクっとしてふっくら。

三品を並べると、贅沢さで周囲に気遣う。

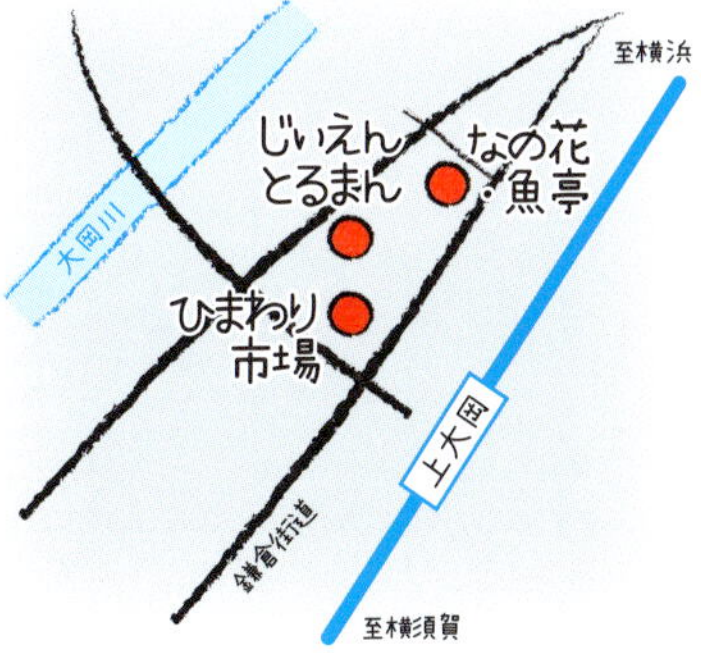

じぃえんとるまん

〒233-0002 神奈川県横浜市港南区上大岡1-15-1
☎045-843-5964 ㊔10：00～22：00 ㊡なし

上大岡『ひまわり市場』

魚種と品揃えの豊富さに、晩飯買いのお客も迷ってしまう。

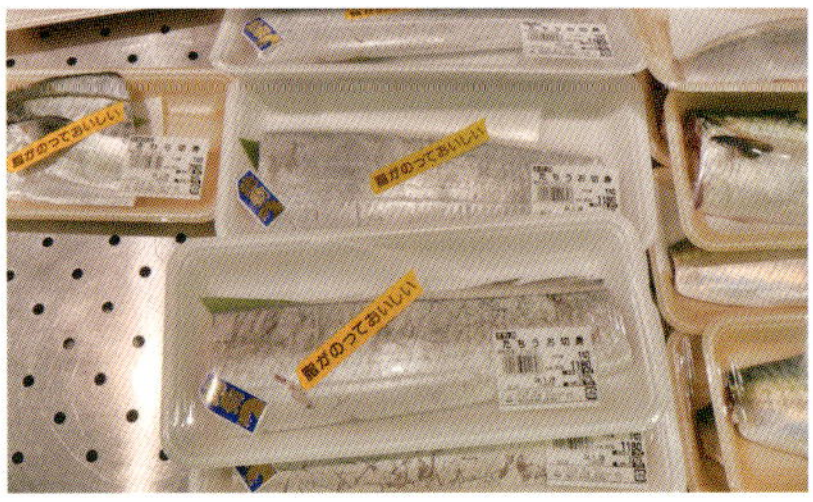
銀色のエナメル質が輝く、タチウオも捨てがたい。

見るから鮮度抜群、キンメダイの頭に決めた。

古くは公設市場、魚の鮮度と品揃えが客を呼ぶ。

「じぃえんとるまん」と同じビルにスーパーマーケット「ひまわり市場」があって、そこの魚屋が素晴らしい。

　見慣れたスーパーの魚屋と思うなかれ、八十キロを超えるクエの切り身や、極上のクロマグロなどが堂々と並ぶ。鮮度は言うに及ばず、産地にもこだわる目利きの徹底ぶりには目を瞠る。

　品物が極上なだけに値も少々張るが、客も上々、いいものを見極めて納得する。たとえば紅鮭の極辛一切れが三百五十円だとしても、味わえば納得する。店主の坂本さんの、魚に対するこだわりなのだろう。ダメなものはダメと、苦笑いしながら頑なだ。

　銀光りするタチウオの切り身に引かれるも、今日はキンメダイの頭、四百八十円に決めよう。甘辛に煮漬けて、頬肉あたりをつつきたくなったのだ。細かい骨をしゃぶりながら、一杯呑むのはたまらない。

　安い立ち呑みの帰りは、金銭感覚もケチな心持ちになる。それがまた豊かで、幸せを感じるのだ。

駅前ビルの一階にあって、庶民感覚が漂う一画だ。

ひまわり市場

〒233-0002 神奈川県横浜市湖南区上大岡西1-15-1
☎ 045-847-3636 ㊚ 9：00~20：00 ㊡ なし
※地図は63ページ

自分でつくる酒の肴

キンメダイ 頭の煮つけ&ほほ肉の琉球風

魚は一匹が買い得だ、無駄なく使って魚は喜ぶ。

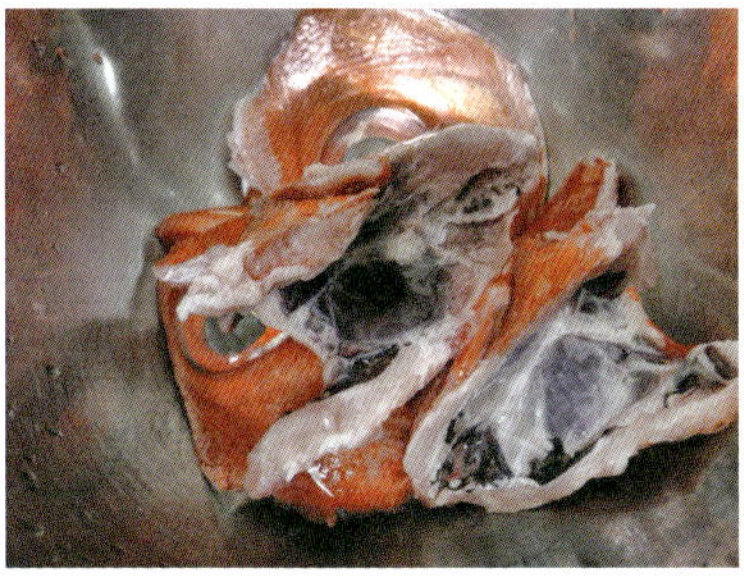

頭部はウロコを落とし、粗塩をふって揉み洗いする。

長ネギを短冊に切って入れ、酒と塩少々の薄味で煮るのもいい。

深海に棲む金目だけに、目が珍味である。濃い味の甘辛煮で、目ん玉のどろりとした部分をすするのはたまらない。

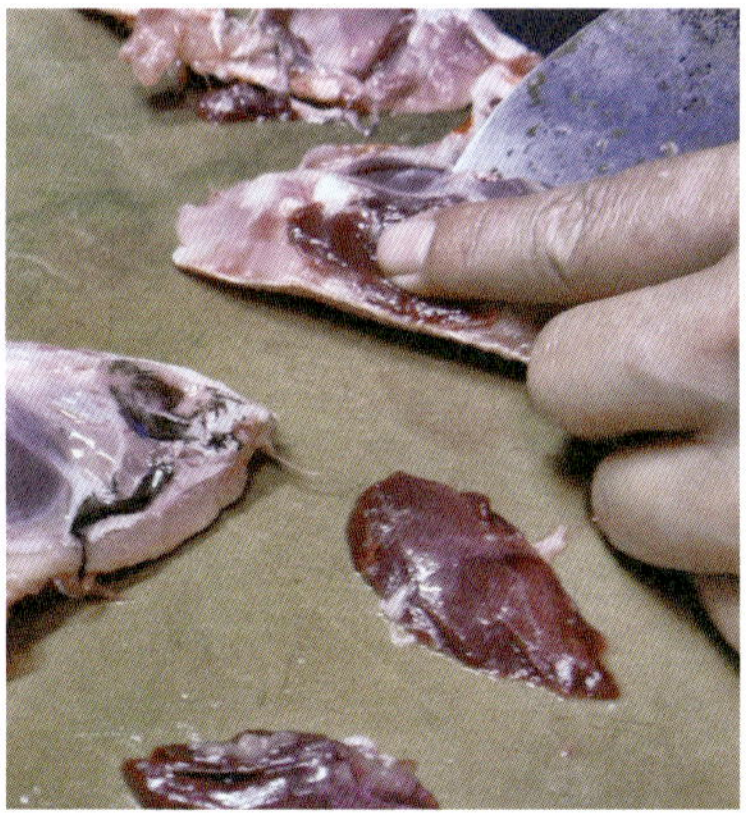

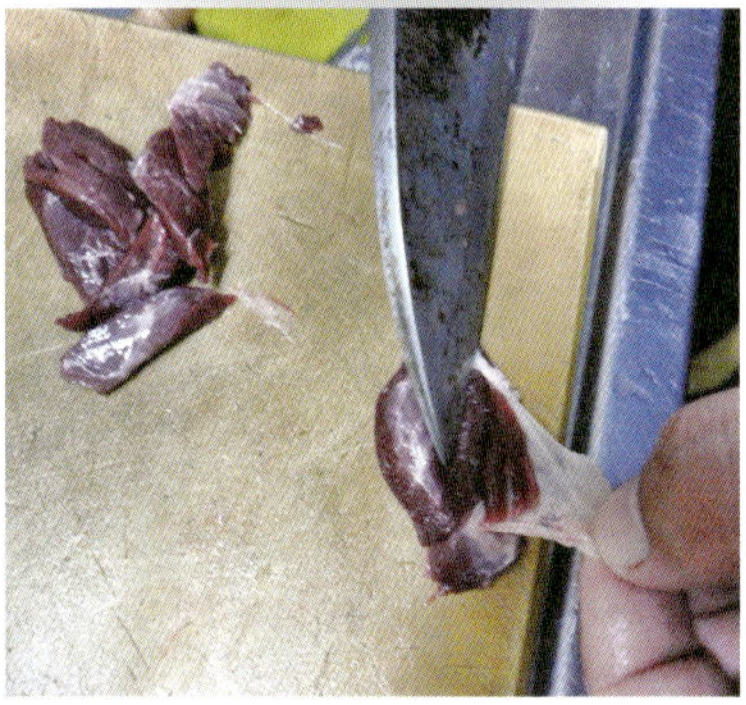

キンメダイは、胸ビレの際に赤い血合い肉がある。筋肉質を削ぎ取ったら、薄皮を剥ぐ。

細切りにして塩でまぶし、ゴマ油を少々入れて和える。

長ネギの千切りを添えて、召し上がれ。魚肉とは思えない不思議な味わいに、酒がすすむ。

上大岡
『なの花・魚亭』

繁華街の片隅で生きる、自信の魚料理店。

京急上大岡駅前でもメインは、鎌倉街道に沿った繁華街側をいう。その裏手に大岡川が流れて周辺の雑踏を呈する中に、見過ごしてしまいそうな「なの花・魚(さかな)亭」はある。

入口には地魚・季節料理とあり、紺暖簾に高級感は漂うが赤提灯に居酒屋とあれば、ちょっと安心する。店内はこじんまりとしながら清潔感があって、よく知る上大岡の居酒屋ではない。踏み込んだ瞬間の印象が、雑然ではなく整いすぎているのだ。

壁に所狭しと油絵が並ぶのも、居酒屋としては不思議な光景だ。開業して二十四年。女将が絵描きを趣味とすると聞いて納得、欲しい人には額縁代ほどで差し上げているの、と笑っている。

テーブル席に落ち着いて、どれどれと品書きを見つめる。最初に気になるのは、やっぱり本日の刺し身だ。仕入れから下ごしらえを済ませ、どうだと言わんばかりに客を待つのだ。目にとまったイサキとヤリイカ、締めサバをまずは注文。なんだか嬉しくなってきて、芋焼酎はボトルで水割り。

よその客は刺し身の盛合わせで、垣間見れば仕事ぶりは間違いない、一流の板前だ。夏のイサキは脂がのって申し分なし、ヤリイカはねっとりとして甘い。締

静かな店内は、油絵のギャラリーのようでもある。

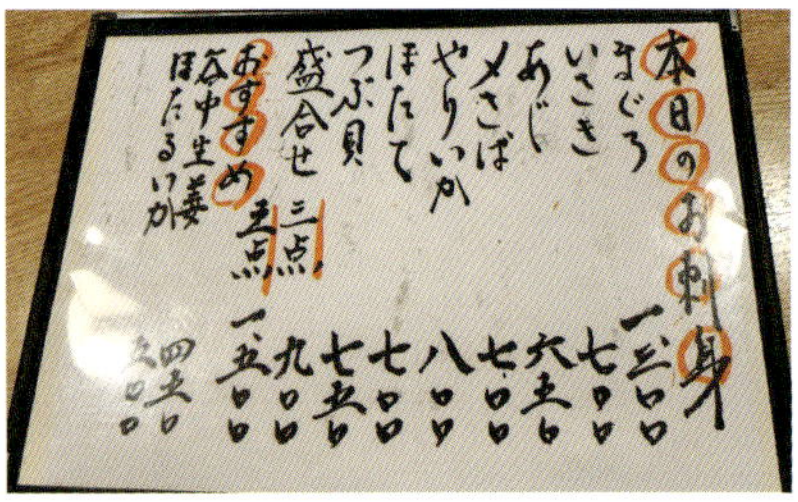

本日のお刺し身は、毎日手書きされる。

ほどよく締まった、締めサバ。

なの花・魚亭

〒233-0002
神奈川県横浜市港南区上大岡西1-14-37
☎ 045-846-1899 ㊰ 16：00~22：00 ㊡ 日曜
※地図は63ページ

めサバも小ぶりながら、食べごろの締まり具合。どれも文句なしで、同行の二人も大満足。

驚いたのは、すり下ろした生ワサビだけでない。大根の、ツマのきめ細かさだ。女将に聞けば板前の手仕事で、ツマを残されるとがっかりするそうだ。先代の主人が亡くなると、かつての副板が店に戻ってくれたという。長身で寡黙ながら、料理に手を抜かない厳しさが遠目にもうかがえる。

ざっくりと巻いた、鉄火巻きとかっぱ巻きは小腹すきによく、勢いづけば卵焼きもお願いする。寿司飯のほどよい酢加減もさることながら、卵焼きの旨さにまた瞠目だ。甘さを抑えて、出汁をしっかり効かせている。思わず二切れを食べ終えてから、写真撮りに気づいた次第であった。

ほうれん草と、ジャコの炒め物もよかった。冷たいものと熱い料理のメリハリは、簡単そうでいて、なかなか難しい。友人のウエカツら二人は日本酒の熱燗を二本ずつで、締めて会計は一人五千円に満たない。ちなみに生ビールは四百五十円。上大岡にあっては、一粒のきらめく店であろう。

鉄火巻きと、かっぱ巻き。 小腹すきには、ちょうどいい。

出汁のよくしみ込んだ卵焼き。 五切れだったが、二切れ食べてしまった。

イサキとヤリイカ、生ワサビと大根のツマにも注目。

杉田『あんと』

美しさに、しばし見とれてしまう。 値段との対比にも驚く。

広い厨房を、カウンター席が囲む。狭さを感じさせない設計だ。 特製の辛いタレが効いて、三本で満ち足りる。

暖簾も提灯もない、居酒屋とは思えない店構えだ。

産娘のありがとう（あんと）が、店名になった。

京急の杉田駅から、杉田商店街をJR新杉田駅方面へ抜けて右側数メートル。国道一六号線沿いに、魚料理の店「あんと」はある。入り口にはポスターが貼られたり、鮮魚箱が置いてあったりだが、中は意外と広くて清潔だ。

厨房を囲むようにカウンター席が十席、奥のテーブル席が六名ほど、二階に四人掛けが七テーブルと大きな店だ。豪快な手書きメニューから、特上初ガツオ七百八十円は見逃せない。まだ若い店主が、絶対に間違いありません、と自信たっぷり。出てきた一品は、見ただけで間違いない。

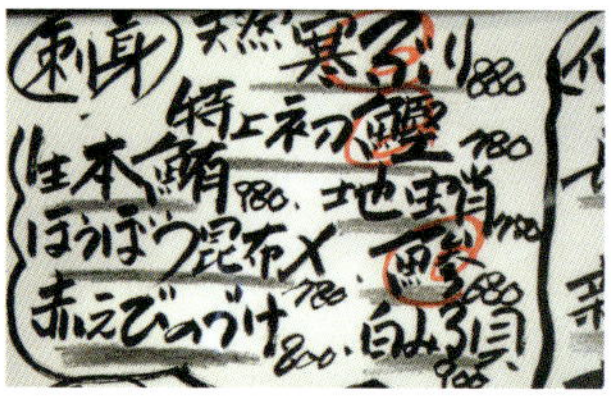

赤身の引き締まった色つや、皮面の焼き具合といい、恐れ入った。二月の初ガツオで和歌山産と聞けば、沖縄沖まで出漁したのだろうか。もちっとした大きな一切れを頬張ると、思わず笑みがこぼれる。ほかにも氷見の寒ブリなども、自信をもって出しているに違いない。対応の謙虚さ、親しみのこもった笑顔も、魚以上のごちそうだ。

もう一品ということでメカジキの照り焼き串、マグロのねぎま串、ヤリイカの醤油焼き串、それぞれ一本二百八十円をたのむ。魚の串焼きにはラー油と唐辛子味噌のタレがついて、生魚を食べた口には、パンチの効いた濃厚さがいい。

店名の「あんと」だが、「産まれた娘が、ありがとうのことを、『あんと』と言っていました。十四年前に開店したとき、お世話になった人たちに、ありがとうの心を込めて、あんと、にしたのです」。無垢の言葉を大切にしたかったのだろう、いい話だ。ますます好きになってしまった。杉田には、いい店が揃っている。

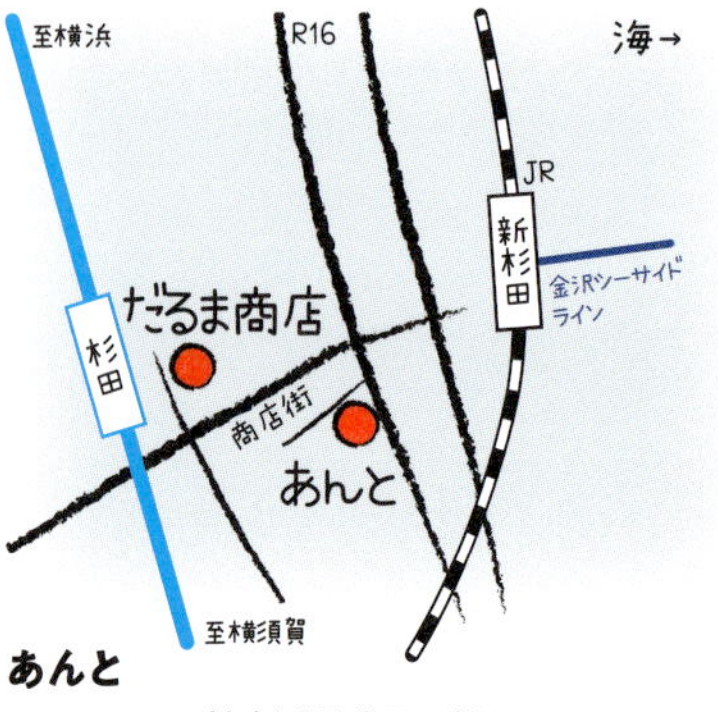

あんと
〒235-0035 神奈川県磯子区杉田4-8-2
☎ 045-353-8332
㊮ 17：00〜23：30 ㊡ 日曜

魚で肴

ホヤ

ホヤは一般にマボヤが流通するが、三陸地方などではアカボヤも珍しくない。俗名をムーミン、肉の鮮やかな赤色に目を瞠る。産地では高価な蒸しボヤも、自家製なら遠慮なく食べられる。保存も効くから、冷蔵庫に重宝する酒の肴だ。

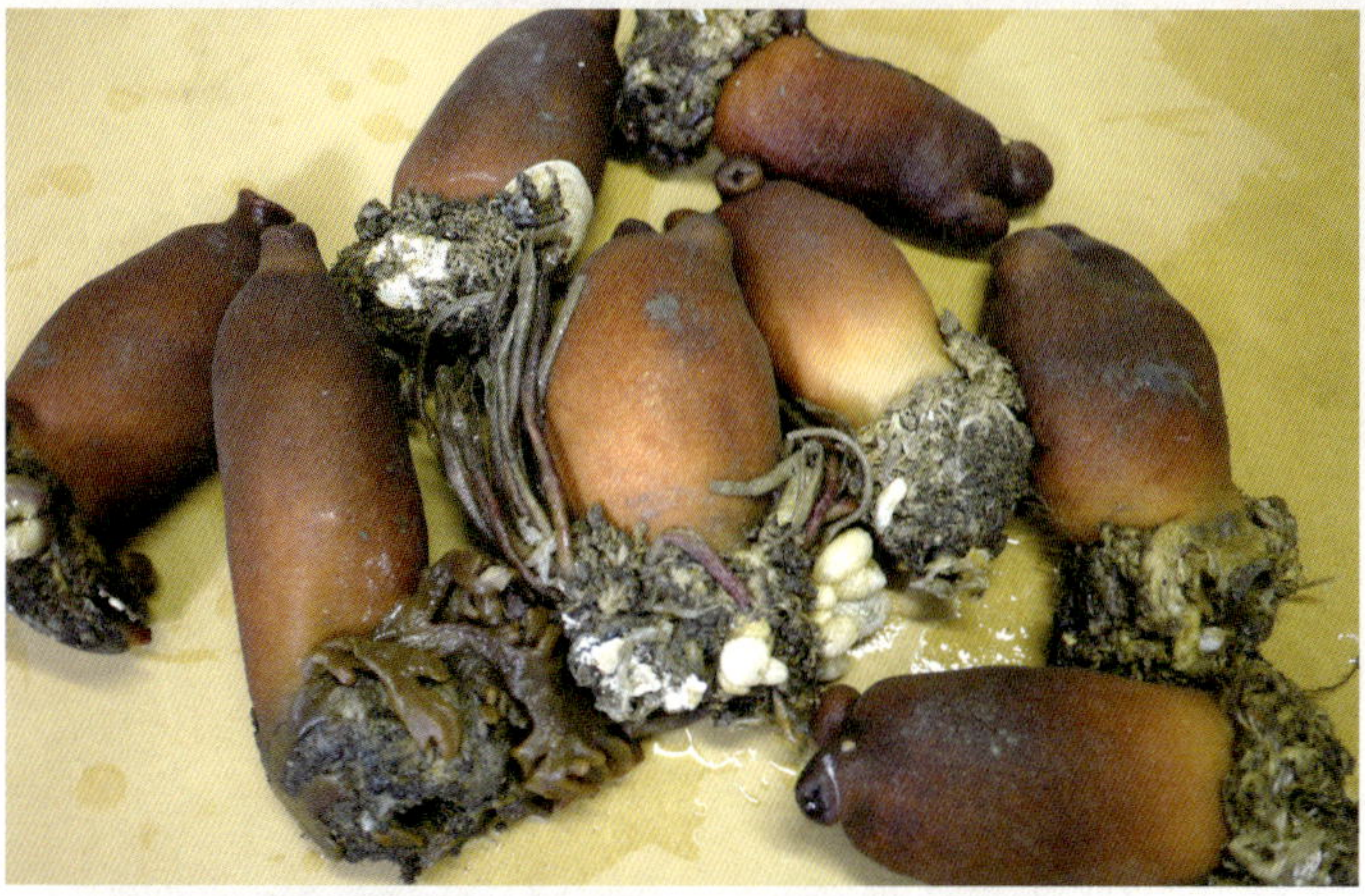

アカボヤも近年、東京都内でも見られるようになった。

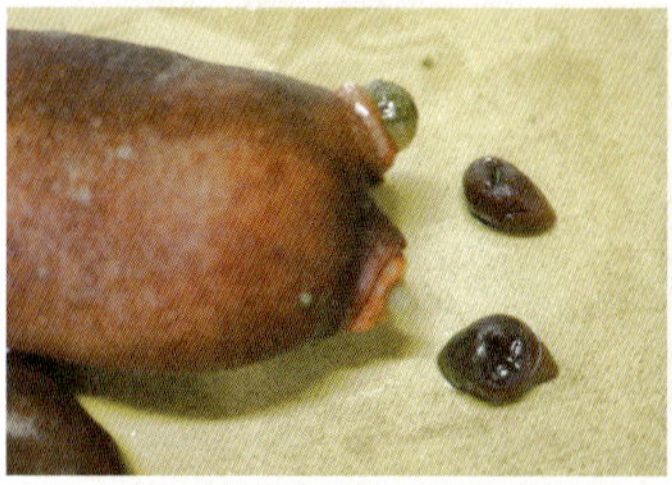

二つの水管の+は吸水口、−が排水口で糞などを出す。ハサミで切り取るときに、注意する。

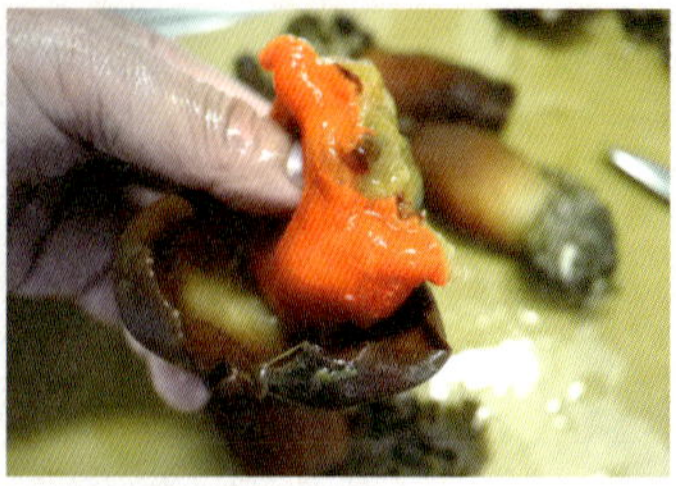

外套膜を開いて身を取り出してもよし、外套膜をつけたまま適宜に切り分けてもよし。

糞は大まかに取り捨てるだけで、水洗いは風味を損ねるので禁物。

塩をまぶして、余分な水分を落とす。

蒸し器にホヤを入れて、十五分ほどしっかり蒸す。

蒸しホヤ

粗熱を飛ばしながら、しばらく陰干しにする。 外套膜を剥がしながら食べる方が、趣はある。

杉田 『だるま商店』

常連は「だるま生！」、刺し身が充実している。

京急の杉田駅から直線に伸びる、JR新杉田駅に向かう商店街ではない。駅前をすぐに左へ数歩行った、路地の右側に海鮮屋「だるま商店」はある。

入口は各種酒のラベルが張り巡らされて、賑やかな雑貨屋風だが、中に入ると驚く。正面の黒板に書かれた品書きは、数十種類の魚貝類だけで埋め尽くされている。あっけにとられて迷っていると、入ってきた二人連れが即座に刺し身の盛合わせ一人前一六三〇円を注文する。

「二人前はあって何でも入るから、絶対にお得ですよ」。

そうと聞けば、こちらも同じく一人前でいってみよう。落ち着いて品書きをよく見れば、一人前のハーフ、九百八十円なんてのもあった。この店はどうやら、常連客の動向を真似た方がよさそうだ。

店の親父らしきは狭い厨房で、暖簾越しにしか顔は見えない。ホールはアルバイト店員に任せて、一心に包丁を動かしている。眼鏡とマスク姿だが、鋭い目線から魚料理職人に徹しているとわかる。

生ビールを呑みほす間もなく、よく冷えた大鉢が運ばれた。厚手の陶器がしっかりと冷えていて、氷とツマの上に刺し身がある。失礼だが店構えからは想像もつかない、魚料理に対する気遣いに言葉を失う。短いカウンター席と、わずかなテーブル席しかない、小さな店である。

この日の刺し盛りはマグロ中トロ、地ダコ、ホタテ、ニシン、キンメ、カレイ、ホウボウ、サワラ、スズキの九種類で、それぞれに経木の名札がついて、親切な心遣いが嬉しい。二切れずつだが、九種類もあると大満足だ。魚の鮮度はいうに及ばすだが、特筆すべきは板状の岩塩にスダチを絞り、そこに刺し身をつけて食べ

だるま商店
〒235-0033 神奈川県横浜市磯子区杉田1-19-10
☎ 045-367-8408
㊎ 17：00～24：00 ㊡ 日曜
※地図は68ページ

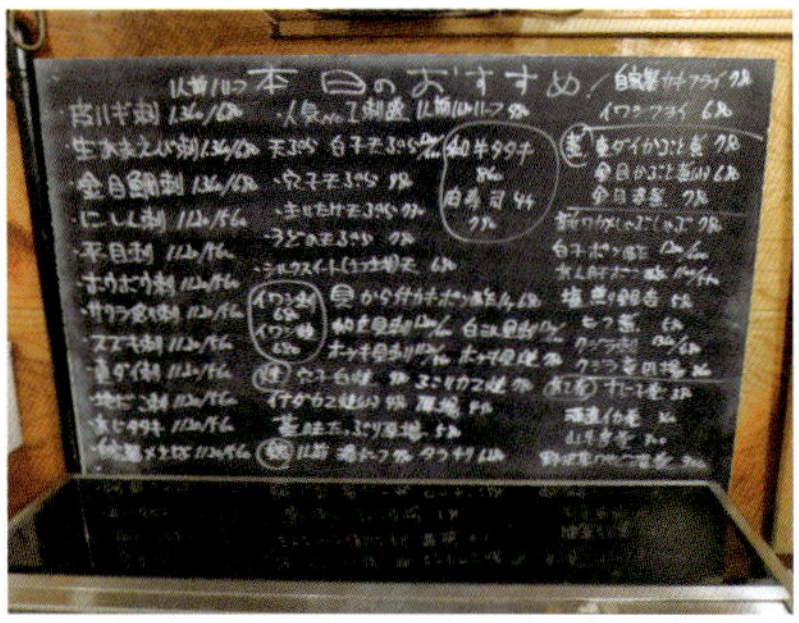

この品書きを、毎日書き換えている。迷ったら刺し盛り、一人ならハーフだ。

店主の裏方に徹する姿勢が、品格を上げているようだ。

駅前の路地を少し入ると、不思議な店構えに思わず見入ってしまう。

ることだろう。きりりと冷えた刺し身に、塩味とすだちの酸味がからむ。演出効果もあろうが、味わうとけっこう的を射ているのだ。

おとなりに座った常連らしきは、いきなり「だるま生！」と叫ぶ。失礼ながら聞くと、生ビールに刺し身と握りずしのセット価格で一三五〇円。この店はやはり、常連客の注文を見習った方がいい。出されたセットを写真に撮らせていただき、ありがとうね。家族的な、いい店であった。

おとなりさんの「だるま生」を撮影。 常連客の定番メニューという。

刺し盛り一人前は、九種類が二切れずつ。 岩塩にスダチが小皿に添えられる。

能見台『鯛の王様』

東京湾と相模湾を両手にする、魚料理専門店だ。

「鯛の王様」店主、佐々木隆之、魚に自信あり。

店の入り口に置かれる、タチウオ釣りの仕掛け。

品書きは毎日更新される。魚は釣りたて、野菜は自家製だ。

京急の能見台駅は、昭和五十七年まで谷津坂駅だった。名の通り周辺は坂道が多く、谷津の谷間に国道一六号が走る。駅を国道の反対側に降りると、小さな繁華街がある。そこを右に進み、すぐまた右へ曲がると「鯛の王様」がある。三浦半島の東京湾側、横浜は小柴の漁師が直営する魚料理専門店だ。

一見、おしゃれなレストランのようだが、入口にはダンベ（水槽）に餌木（えぎ）などが無造作に置かれて、いかにも漁師小屋風に演出されている。暖簾にも日本酒処・網元料理とあるが、店の造りは西洋料理が似合いそうだ。広い店内は天井も高く、開放感はもちろん、なにより清潔感が漂う。この店で、どんな網元料理が出てくるのだろう。

芋焼酎はオンザロックにして、本日おすすめの東京湾地魚と書かれた品書きを見つめる。焼きヌタウナギ七百八十円に目が止まる。ヌタウナギは新潟や山形ではアナゴと称して、郷土料理になっているが、漁業現場では嫌われものだ。山陰地方では、もっぱら韓国へ輸出するために漁での外道をストックする。原始的な魚類で顎がなく、腐肉を漁り、捕獲すると強い粘液を出す厄介な魚だ。

店主が、小柴の漁師と聞いて納得した。小柴はシャコとアナゴを主にした、底引き漁が盛んだ。ヌタウナギはアナゴの筒漁や、かご漁でも捕れるが、底引き網に混獲されるのだ。新潟の出雲崎辺りでは頭から串に刺して炭火で焼く、浜焼きが有名料理だろう。

韓国の食文化は、ぶつ切りにして鉄板で焼く。「鯛の王様」は韓国風に近い塩焼きで、ヤーコンの含め煮が添えてある。固いヌタウナギを噛みしめていると、芋焼酎よりマッコリが欲しくなってきた。

店は十三年前に開店。若い店主は小

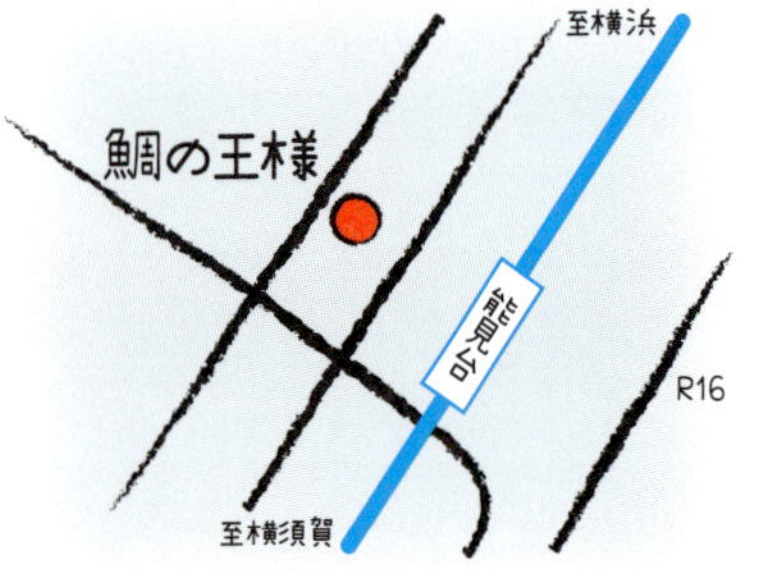

鯛の王様

〒236-0053 神奈川県横浜市金沢区能見台1-2-3
☎ 045-783-3899
㈤ 17：00～22：30 ㈭ 月曜

柴で漁師をする傍ら、無農薬野菜の栽培もやって店に出す。魚を美味しく食べてもらうための畑仕事で、魚が好きなのである。どうして鯛の王様なの？　と聞けば、鯛はやっぱり魚の王様で、ボクも魚料理の王様になろうかと思って…とはにかみ笑い。魚好きの若者が頑張っている、今の世間も捨てたものじゃないと思うのは、年をとったせいか。

先日は大島沖で三百キロのクロマグロを釣ったと、目を輝かせている。その釣り針を、嬉しそうに見せてくれた。料理人らしく素早く腹を出して、氷詰めにしたとはさすがである。タチウオも食べたかったのに、魚談義が忙しい楽しい店であった。

店内は大胆にして簡潔なデザイン、落ち着いて魚の味が楽しめる。

三浦半島の佐島沖に張られる大型定置網にも、ヌタウナギは入る。

新潟などではアナゴと称し、浜焼きで人気だ。

焼きヌタウナギは七百八十円。

金沢文庫『市場食堂』

大胆にもぶ厚く切られたマグロの中トロが七切れもある。

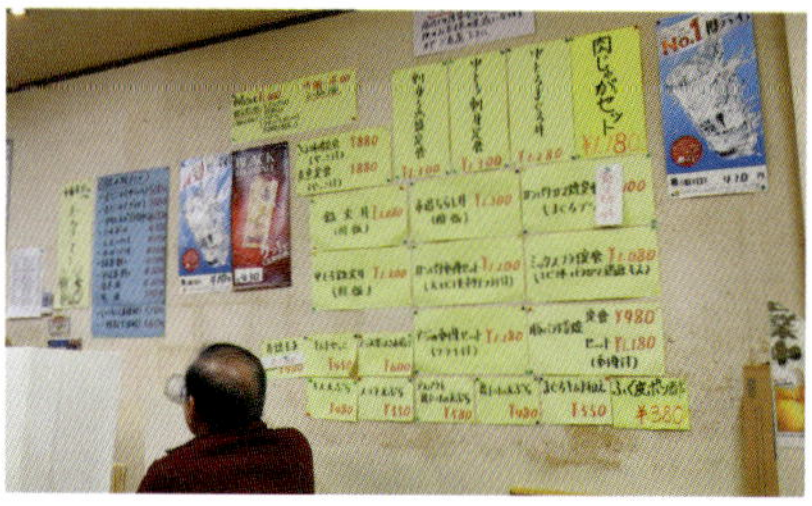

店内の品書きは定食ばかりのようだが、酒類も豊富に揃っている。

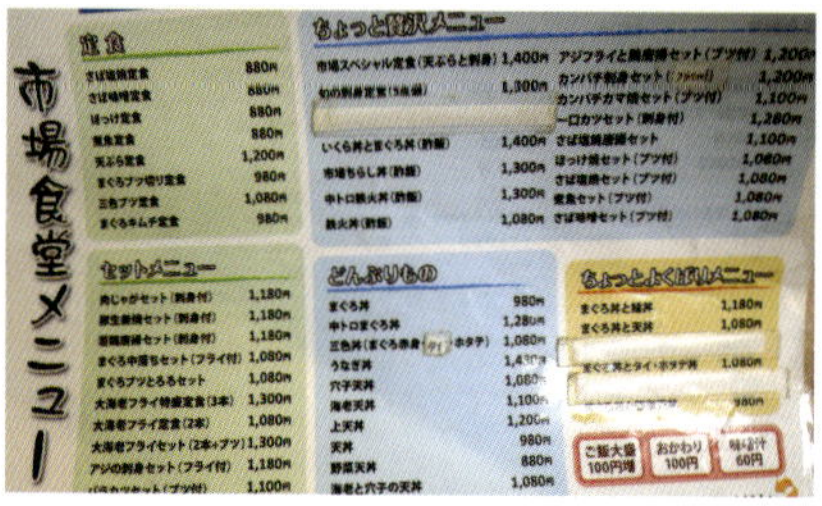

品書きは飯物ばかりと思いきや、裏面に酒肴があって安心する。

気取らない店構えが、懐かしさを醸す。

魚屋の直営店で、マグロ刺し身のぶ厚さに驚く。

金沢文庫駅を出ると、国道一六号線に並行する「すずらん通り商店街」が賑やかだ。ぶらぶらと五十メートルほど歩くと、左側に食堂とだけ書かれた「市場食堂」がある。店構えはややぶっきらぼうだが、飾り気がないだけに中身は充実している。

本店は横浜橋商店街にある魚屋「松井水産」で、ここは唯一の直営店。食堂であるから品書きは飯ものばかり、と思いきや、裏を見れば日本酒からレモンハイまである。アジのたたき六百八十円で一杯とも思ったが、ここは定食屋の基本に従うことにする。

おとなりのテーブルに運ばれた、マグロの刺し身定食がちらりと見えたら、迷わず決めた。あれって名物なの？ 若い女性店員がにっこり笑みながら、黙ってうなずく。大きく厚切りの赤身は、意外や脂がのっていて七切れもある。ほおばった口に甘くとろけると、たまらなくなって生ビール！

飯を食いながらの一杯も、いいものだ。落ち着くと壁いっぱいに貼られた品書きに、目も行き届く。市場セットの千三百円は、お好みの酒と、刺し身＆茄子の生姜焼きの定食。メゴチの天ぷら五百八十円やキスの天ぷら四百八十もある。大満足の中トロマグロ定食は千三百円。生ビールと合わせて千八百円で、ご馳走様でした。

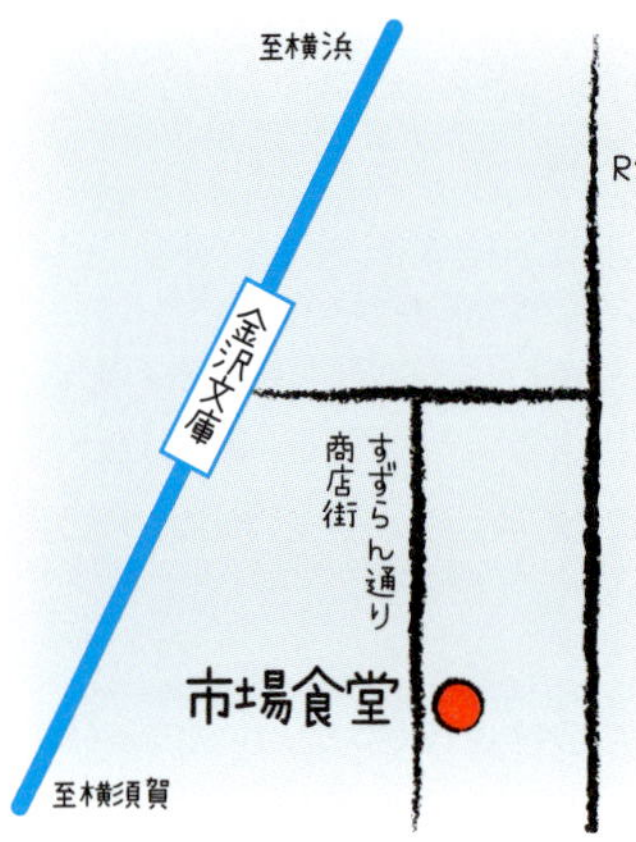

市場食堂

〒236-0016 神奈川県横浜市金沢区谷津町357
☎ 045-785-9901
㊔ 11：30〜21：00 ㊡ 日曜、祭日

魚で肴

スケトウダラ

助宗とも書かれるが、スケトウダラが正しい。古くから佐渡(すけと)周辺を漁場としたからその名がある。新潟と富山の県境に旭町があって、このタラ汁が名物だ。卵巣はお馴染みのタラコだが、輪島ではスケトウダラのカラスミを売り出している。

マダラに比べると、小ぶりでほっそりしている。

卵巣を傷つけないように、腹皮を慎重に開いていく。

卵巣だけを取り置いたら塩をして、水気を抜く。

塩は洗わずに、酒と少量の味醂に一日ほど漬け込んでから天日干しする。

石川県輪島、「海美味工房」の天日干し風景。

家庭ならガラス板に挟み、形を整えながら干すのも一考だ。

スケトウダラのカラスミ

冷蔵庫に保管して、生でも焼いても重宝する酒の肴だ。

金沢八景『フライング・フィッシュ』

釣り人の御用達は、魚を買い取ってくれるから。

景勝地で知られる金沢八景は、平潟湾を囲むようにして釣り宿が多い。京急線なら横浜から三十分足らずで、海は足下から広がる。目の前は大レジャー施設の、八景島シーパラダイス。家族をそこで遊ばせ、お父さんは釣り船へ、なんてこともあるようだ。

魚好きの釣り人だって、クーラーボックスに入りきれない釣果には困ることがある。例えば三人家族で、五十匹のアジが釣れたらどうするだろう。フライング・フィッシュは考えた。「その釣れすぎた魚をお持ちください。魚一キロで生ビール一杯と交換します！」買い取りもありとなれば、お父さん、こんな嬉しいことはない。

店はほぼ手造りで、漁師家にきたような海辺の匂いが漂う。店内の黒板には、本日の魚が刺し身から天ぷらまであって、迷ってしまうほど。釣り人からだけでなく、仕入れには佐島などの漁港巡りも欠かせない。魚好きだけが集まる、魚しかない店が、こうして出来上がった。

地元の金沢八景の釣りたて、タチウオの刺し身七百円を注文してからホッピーで一息。さすがに、魚は新鮮だ。タチウオの、銀色に輝く表皮はグアニン色素。剥がれやすくてスーパーの魚売り場などでは汚く見えるものだが、この美しさには目を瞠る。こんなタチウオには、よそではまず出会えない。

釣った魚で一杯飲める、ショップカード。

静かな店内は、油絵のギャラリーのようでもある。

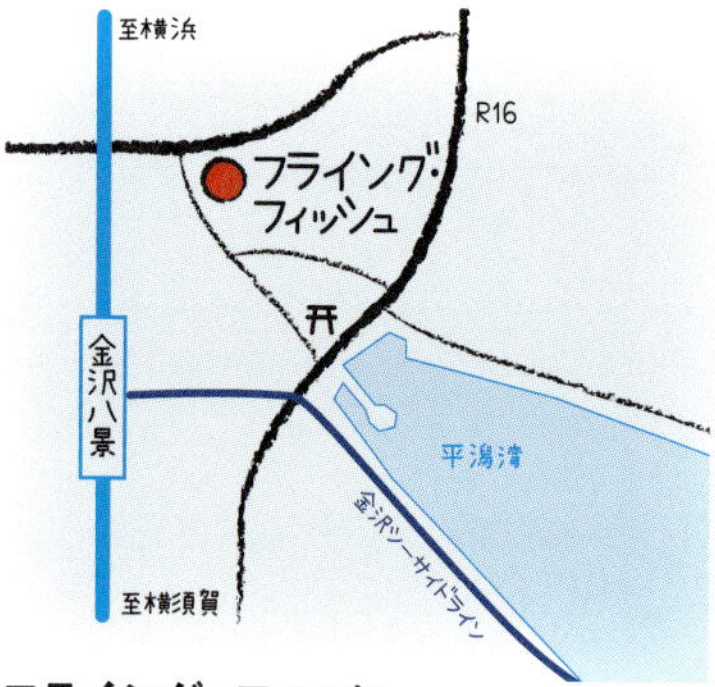

フライング・フィッシュ

〒236-0027 神奈川県横浜市金沢区瀬戸23-15
☎ 045-352-8588 ㊔ 平日15：00～23：00
土日12：00～23：00 ㊡ 木曜

タチウオ本来の輝き。この美しさには、なかなか出会えない。

クーラーボックスを重そうに肩にかけて、釣り人がやってきた。どうやら常連で、マアジが大漁だったらしい。店で数匹食べさせてくれたら、残りは無料で置いていくという。こんな客も、多いに違いない。店主は笑顔で生ビールをつぎ、クーラーボックスを開けている。立派なマアジが水氷(海水と氷)の中で反り返り、垣間見るだけで旨そうだ。近辺では金アジとも呼ぶ、極上モンだ。

マアジは船上での漁師料理の花形で、味噌と長ネギだけで数種類のおかずができる。海水で洗ったまな板と、錆びた包丁でやるのだが、炎天下の船上でやるとたまらないご馳走だ。次に入ってきた釣り人は、ブリの幼魚であるイナダを持参。店主は素早く、漁師料理のべっこう漬けに料理してしまった。

あらためて黒板を見つめれば、フィッシュ&チップス三百円にも引っかかる。本日のフィッシュは白身のスズキ。揚げたての、ふっくらした熱々を頬張るのもいい。まさにフライング・フィッシュな、素敵な店であった。

漁師家風の店内。

フィッシュ&チップスは三百円で、クセになりそうだ。

釣りたてイナダの、べっこう漬け。 伊豆諸島の郷土料理で、青唐辛子が効いている。

自分でつくる 酒の肴

マアジのおから漬け

刺し身でも一週間は愉しめる、重宝な酒の肴だ。

多すぎるくらいの塩をして、魚の水分を抜く。

おからに生酢を入れて、耳たぶほどの固さに練り上げる。

魚は水洗いせずに、そのまましっかりと漬け込む。

翌日には、おからが余分な塩分を抜き取っている。 水洗いはしない。

翌日から刺し身で食べられて、十日ほどは日持ちする。 マアジのほかにはヒラメなどの白身魚がよく、マダイは皮つきのままだ。

湯引きしたキャベツの葉で巻くなど、工夫も楽しめて重宝する。

自分でつくる酒の肴

なめろう・さんが焼き・水なます

マアジを使った漁師料理の定番だが、鮮度が命。

目利きのコツは目に張りがあって、体が固く引き締まっていること。調味材料は長ネギと味噌、それだけ。

マアジは三枚に下ろして、腹骨はすき切り、小骨は骨抜きで抜く。

皮は手でゼイゴごと、簡単に剥がれる。 刻んだ長ネギと味噌、マアジの身をたたき和えていく。

たたき過ぎないこと。 多少身の塊を残すくらいがコツ。

なめろうを氷水で溶いただけの「水なます」は、二日酔いにはすこぶる旨い。

たたき終えた「なめろう」と、皿に伸ばして焼いた「さんが焼き」。

逗子・葉山 『丸吉商店』

漁港入口の魚屋「丸吉商店」は、魚料理人も通い詰める。 海から捕れたての魚が、即座に運ばれてくるのだ。

首都圏にあって佐島は、漁師の海を感じさせる。

京急線の逗子・葉山駅から、京急バスで約三十分。葉山御用邸を右に見ながら海岸線を行くと、やがて佐島港入口だ。東京湾を併せ持つ三浦半島の、相模湾側ではとなりの長井港と並ぶ屈指の漁港だ。

都心から一時間強という首都圏にありながら、漁師町の存在はあまり知られていない。三浦半島はマグロの三崎だけでなく、東京湾側には金田漁港や松輪漁港もある。釣り人だけでなく、家庭の魚好きもやってくればいい。朝市だけでなく、午前中の水揚時には捕れたての魚が手に入る。

佐島港は古くからカツオ漁に欠かせない生餌、カタクチイワシの供給地で知られる。初夏のカツオは黒潮にのって相模湾を北上し、秋も深まるころに南下して帰ってくる。脂ののった戻りガツオも好きだが、江戸っ子が好んだ、目には青葉の初ガツオとは、小田原や鎌倉あたりで捕れたものを、いち早く運べた距離にあったからだ。

豊饒な相模湾は、沿岸漁業も盛んだ。佐島の沖合いには大型定置網が張られ、日々多種雑多の魚が水揚げされる。佐島の漁業をつかさどるのは、大楠漁業協同組合。名は三浦半島の最高峰、大楠山（標高二四一メートル）に由来する。

お昼近く、佐島漁港岸壁は定置網の水揚げ真っ最中だった。クレーンに吊るされた大網が船倉に入ると、水しぶきを撒きながら陸の選別台へ。大網から大量の魚が流れ落ちる。船頭以下全員が、口を利くゆとりもなく選別作業に余念がない。定置網漁船は夜明け前に出港、漁がなければ早めに帰るが、大漁となれば昼を超えることも珍しくない。今日は、値のいいマサバが大漁のようだ。

一本釣りのカツオも水揚げされて、慌ただしい漁港を後にする。フォークリフトが大きなダンベ（水槽）で魚を運ぶ、

丸吉商店
〒240-0103 神奈川県横須賀市佐島2-14-17
☎ 046-857-2727
㊟ 8：00〜16：30 ㊡ 月に2回火曜日休み

その先が「丸吉商店」だ。漁港と直結だから、どの魚も正に捕れたて。通りすがりの観光客は歓声をあげ、料理屋の主人などは我先にと魚を漁って帰っていく。首都圏にあって佐島は、海を肌で感じさせてくれる漁師町だ。

水氷（海水と氷）に入ったカツオは、一匹二キロ弱で二千円。釣れたばかりの興奮色で背は紫色の光り、腹には黒帯が走る。刺し身にして多すぎるなら、近所におすそ分けしてもいいだろう。内臓を使って酒盗もつくりたければ、一匹買いに限る。高いな、と思っても余す所なく使えば安い買い物だ。

佐島沖合い大型定置網の漁業風景。 サバの群れが入網した。

漁港に着岸して水揚げ、選別作業が始まる。

カツオの一本釣り漁船も入港してきた。

水氷に浸され、ピンと締まったカツオは一匹で二キロほど。 迷わず、買いだ。

自分でつくる酒の肴

ハラスの酢漬け

脂ののった腹身を塩と酢で締める、禁断の旨さ。

黒潮が通る相模湾は、古くからカツオ漁が盛んだ。江戸で人気の初ガツオとは、鎌倉や小田原の産をいう。

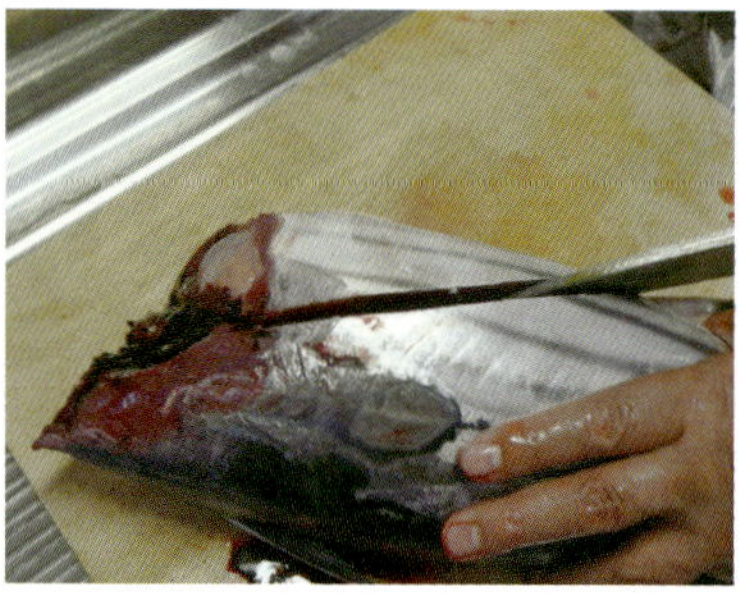

腹下の脂が強い箇所を、俗にハラスと呼ぶ。首下から肛門まで、三角形に切り取る。

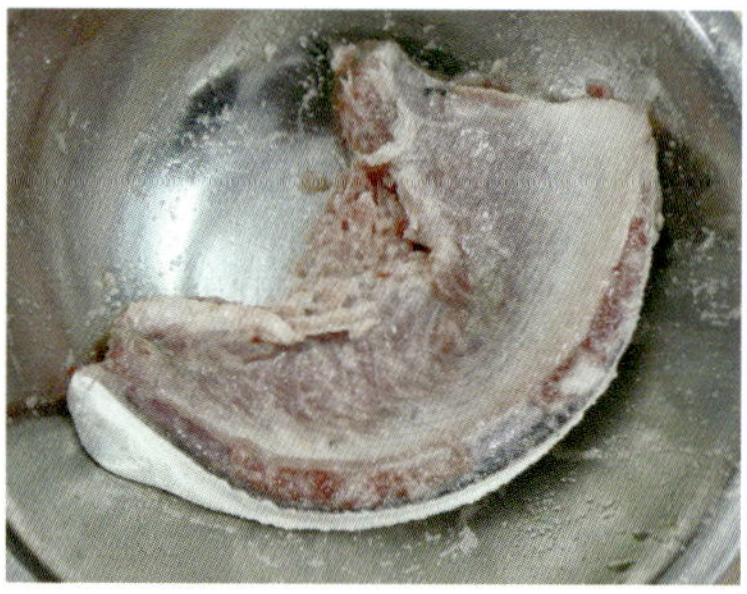

たっぷりの塩で揉んだら、一時間ほど置く。

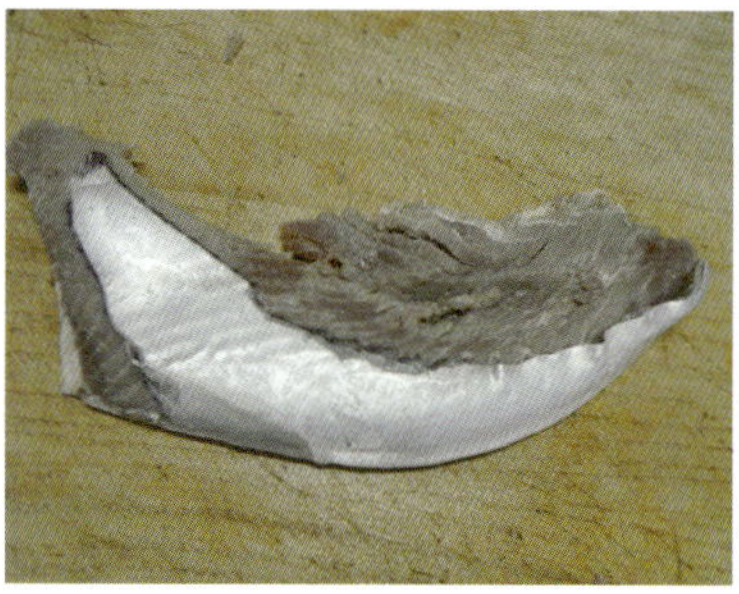

水洗いして水気を拭き取ったら、生酢に一日漬ける。

脂が強いので酢のまわりが遅い。一切れを、じっくり見つめたくなる。

皮ごと噛みしめると、脂身の甘さが塩酢に絡まって、その旨さに思わず笑ってしまう。

自分でつくろ酒の肴

カツオの酒盗＆湯むぐり茶漬け

市販品に勝る酒盗づくりは、熟成も愉しい酒の肴。

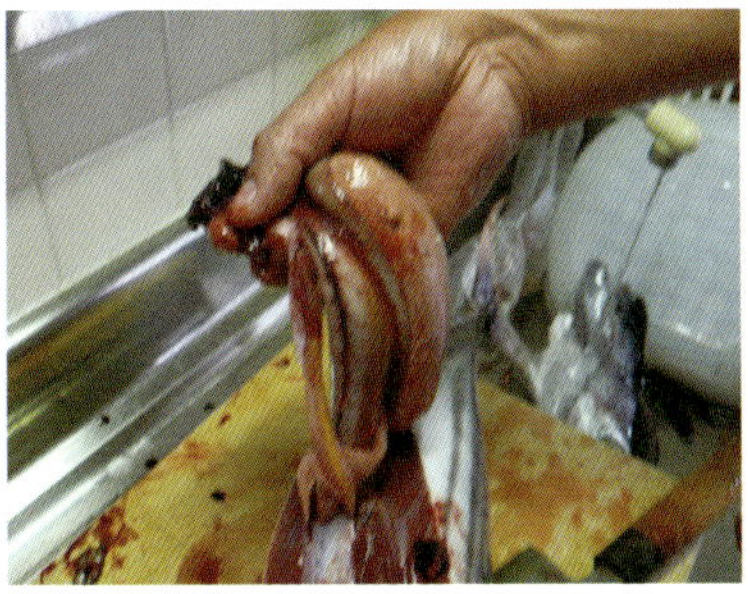

カツオを一匹で買うと、無駄なく使えてお買い得だ。

腹ワタも捨てずに、酒盗にする。

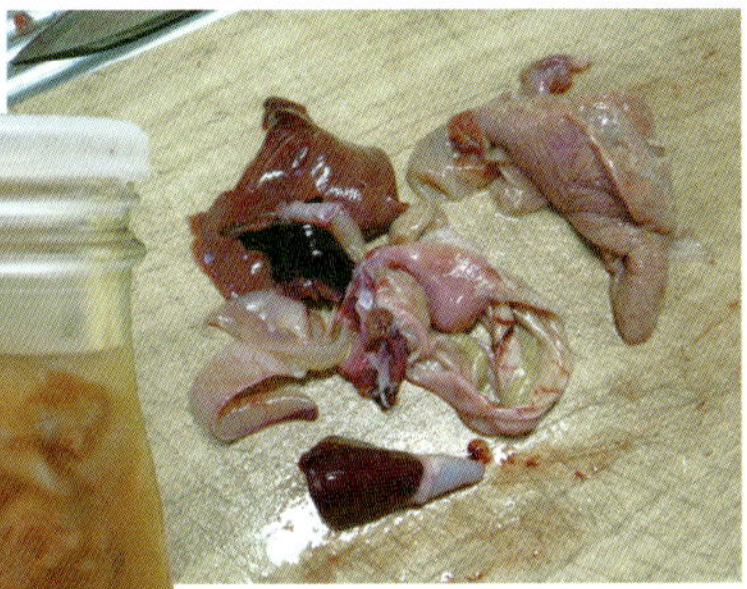

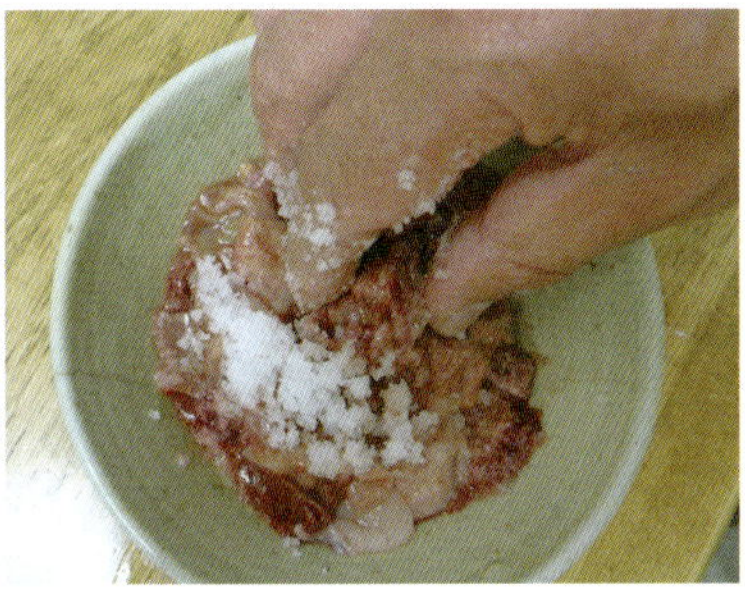

胃袋は開いて粗塩で揉み洗い。 腸は包丁でしごいて糞を出す。 しっかりと水洗いしたら、適宜に刻む。 塩をよく、揉み込む。

少量の日本酒で混ぜたら、冷蔵庫へ。
時々混ぜながら、十日くらいから食べごろになるだろう。

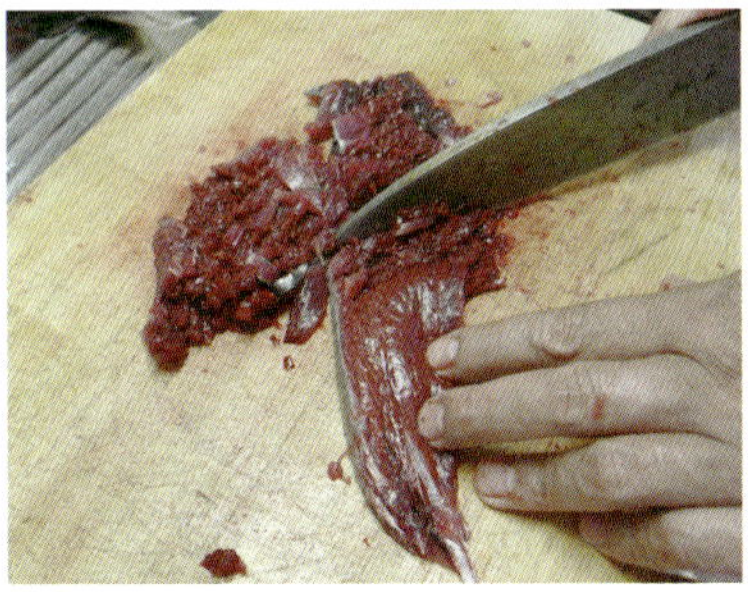

身をサク取りして、残った血合い部分を骨ごとたたく。

醤油をさし、ショウガをのせた上から熱湯を注ぐ。 これを炊きたてのご飯にかけると、「湯むぐり茶漬け」だ。 南房総の漁師料理で、カツオの鮮度がものをいう。

じっくり腰を落ち着けたくなる、素朴な二品だ。

追浜『浜食堂』

三十年前と、ほぼ変わらない店の佇まい。

蕎麦、うどん、中華からカレーライスは、町の定食屋の基本だ。

追浜が浜であったころが偲ばれる、大衆食堂だ。

京急の追浜（おっぱま）駅を下りると、国道一六号線で、そこから海へ向かって（東側）、真っ直ぐに伸びる道がある。通称、夏島貝塚通りで、行く手は工業地帯。日産自動車の工場や、住友重機工業などの敷地が広がる。

見慣れたチェーン店がひしめく駅前から、夏島貝塚通りを百メートルほど歩いた左側に「浜食堂」は昔のままの佇まいである。通行人が急ぎ足で通り過ぎると、暖簾が風に揺れている。今どき珍しいガラスの木戸を、がらがらと滑らせて店内に入ると、「あぁらいらっしゃい」。元気なおばさんが、迎えてくれる。三十年前はお姉さんだったが、ぶっきらぼうで愛想のよさは変わらない。

食堂であるから蕎麦、うどん、町の中華からオムライスまで何でもある。定食なら魚の塩焼きか、刺し身。「今日の魚は」と聞けばマグロとカンパチだと言う。単品で六百円をもらって、生ビール五百五十円もお願い。

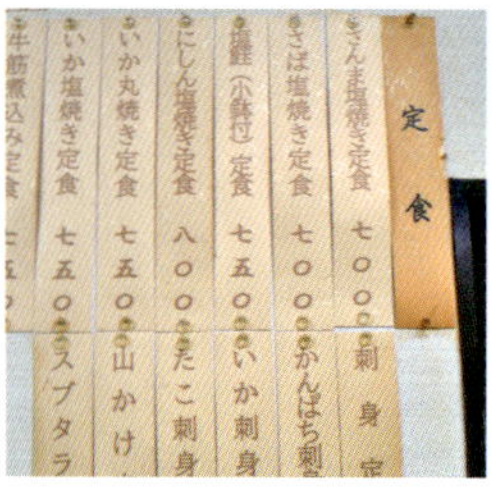

出てきた刺し身のマグロは赤身で申し分なし。だが白い方は、カンパチではない。何だろう、カジキかな？ よくわからないまま、刺し身には違いないと納得する。町の定食屋で、細かく突っ込んではいけない。出されたもので、至福を味わう。ワサビを醤油にたっぷり溶くのも、基本だろう。

客は常連ばかりで、冷蔵庫からビールを出して飲み始める。ウーロン割りは缶入りで三百五十円、みな決まったようにホウレンソウのお浸し二百五十円をつまみにしている。もう一品欲しくなって、牛筋煮込み四百五十円を注文。いよいよ、町の定食屋呑みになってきた。

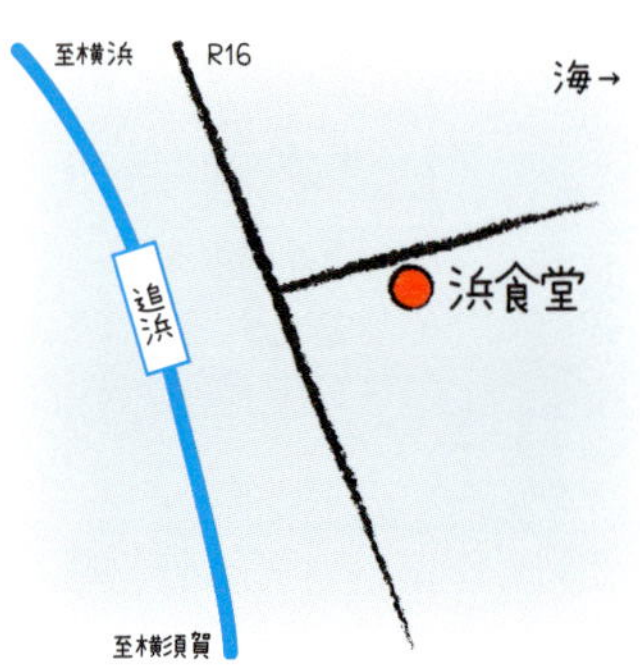

浜食堂

〒237-0064 神奈川県横須賀市追浜町3-17
☎ 046-865-7959
㊔ 11:30～15:00, 17:00～21:00 ㊡ 火曜

魚で肴

スズメダイ

九州福岡では「あぶってかも」と呼び、全国に名を馳せている。
関東では夏場の岸壁をのぞくと、
四センチほどの小魚が群れをなしているのが見える。
観賞魚にしない限り、捕って食べようとは思わない。
ところが脂があって、まさしく〝炙って噛もう〟なのだ。

オヤビッチャなどの仲間も、同じように扱う。

小魚にしては、ウロコが多い。

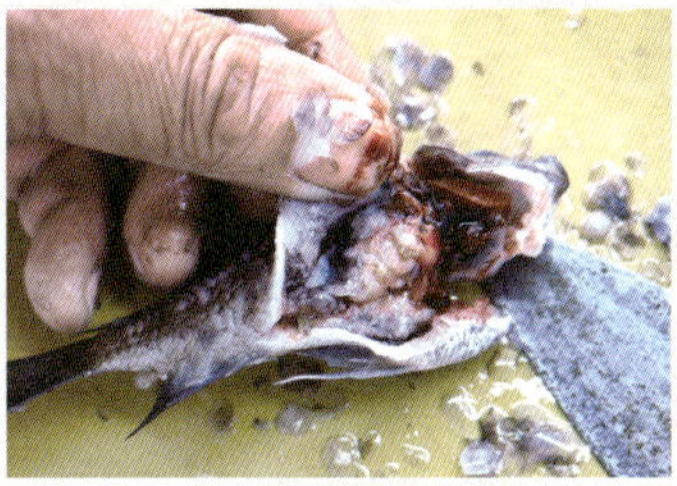
腹を開いて、エラと内臓を取り除く。

水洗いしたら、各ヒレを切り取る。

中骨も一緒に、二ミリ幅で薄切りする。

オヤビッチャの背越し

伊豆諸島辺りの島唐辛子（味噌・醤油・唐辛子など）がよく合う。

ウロコを取ったらエラごと内臓を引きちぎると、こんな格好になる。 頭もヒレも丸ごと、炙って噛もう。 思わず笑みが漏れる。

逸見『ダイヤスーパー香取屋』

住宅地の中に、突然のように「ダイヤスーパー香取屋」はある。

昭和のレトロ感が漂う、ご近所住民の台所。

京急電鉄で品川から向かうと、横須賀中央駅の二駅手前が逸見駅だ。普通列車しか止まらないせいか、駅前はわずかな商店があるだけで繁華な街とはいい難い。海へ向かって少し歩くと左手奥に八百屋らしきが見えて、「ダイヤスーパー香取屋」とある。

おでん、と書かれた赤い幟に誘われたら、スーパーはなんと居酒屋を兼ねているのだった。道路に面した入り口は、雑多に物が置かれるも、呑み処・営業時間16:00〜20:00の看板が立つ。中をのぞくと、得体の知れない中老人たちがたむろしているようで、我ながら少々及び腰。明るい外からでは、ほの暗い穴倉である。

スーパーに入ってみると、居酒屋につながっているじゃないか。驚いたのは店の真ん中が厨房になっていて、大皿にお惣菜がいく種も並んでいる。聞けば一人五百円以上の肴を注文してから、居酒屋部へお邪魔する仕組みだ。酒類は社長選りすぐりの日本酒とビールだけで、焼酎はない。人気は青森の如空(じょくう)群馬の大盃(おおさかずき)など、ほかに数十種類もあって、一升瓶で二千円ほどだ。うまい日本酒を知って欲しいのだと、社長は力説する。

ハタハタのから揚げ二百円とカレイの煮つけ百八十円は、店のお姉さんが皿に取り分けて「持って行くから、呑んで待っていてね」と家庭的。マグロの刺し身とカツオのたたき盛合わせ五百五十円は、店主自ら包丁をにぎってこれも居酒屋部へ届けてくれる。ビールはサッポロ赤星ラベルの大瓶で五百五十円。酒樽を代用したテーブルが置ききれないほど豪華になった。

居酒屋部は案の定、地元の常連たちが集って和気あいあい。一升瓶はボトルキープ同様にして、ほぼ毎日通っているようだ。仲間に入れれば、となりから酒を

ダイヤスーパー　香取屋

〒238-0046 神奈川県横須賀市西逸見町2-1
☎ 045-822-2252 (休) 水曜

注がれる、おかずの皿は回ってくる。話題は聞くともなく耳に入れれば、仕事の一線を退いた人たちの憩いの場だ。会社帰りのサラリーマンには似合わないが、みなと同年配らしきおばさんは人気者。待ってましたとばかり、呑みに勢いがつく。一人でも女性だと場が華やぐから不思議だ。

刺し身の盛合わせが届くと、みなが驚きの声を上げる。サービスなのか、値段のわりに豪華である。マグロは脂がのった頬肉で、カツオの鮮度もよし。大皿はみなさんにおすそ分けして、また戻ってくる。お返しにまた、酒が注がれる。

香取屋は百年以上続く老舗だが、スーパーにしたのは六十年前、居酒屋を増設して八年になる。赤提灯には地酒、緑提灯には地場産品応援の店とある。各種の惣菜だけでなく、果物やお米にも社長のこだわりがあり、仕入れに妥協を許さない。食品添加物を嫌い、安心安全な食品を届けたいのだ。

逸見の一画に、おもしろい店があった。スーパーが不思議な居酒屋を併設して、地元人が惣菜を買いにくる。町も香取屋も、知ればまた帰ってきたくなる。

「ダイヤスーパー 香取屋」の店内。 なんでも少しずつ揃って安い。

スーパーの真ん中が厨房で、各種惣菜の大皿が並ぶ。

自分でつくる
酒の肴

高級粕漬けを、自家製で酒の肴にする。
ギンダラの粕漬け

香取屋スーパーの部で、ギンダラ一切れ三百円の尻尾部位を買って帰る。ギンダラはアブラボウズと同じ仲間で、脂肪分が強いため食べ過ぎるとお腹を壊す恐れがある。それでも美味しいことと、資源の減少などで高級魚になっている。料理は甘辛の煮つけか、味噌や粕漬けが一般的。自分で料理すれば、高級魚も安く味わえる。

お腹周りより、尻尾部分は身が締まっているので適宜に切る。

生粕は酒で伸ばして塩をして、ギンダラを漬け込む。

尻尾部分が酒の肴に旨いのは、塩ジャケも同じ。

逸見『呑み処 香取屋』

各種の惣菜と、マグロとカツオの刺し身盛合わせ。

通りに面した入口は雑多に物が置かれて、中は薄暗い。

スーパーの店内から呑み処へと向かう入り口には、社長選りすぐりの地酒が並ぶ。

呑み処 香取屋

営 16：00～20：00 休 日曜

居酒屋組が惣菜を注文すると、姉さんが皿に取って届けてくれる。

居酒屋の店内。 足もとには、それぞれの一升瓶が置いてある。

香取屋の呑み処、酒樽の常連席は会員制である。

スーパー内に、呑み助たちの憩いの場。

居酒屋より、呑み処が相応しい。スーパーで酒と肴を買えば、酒場への入り口はスーパー内が正しい。売り場から楽しそうに呑んでいる親父たちが見えるのだから、不思議な店だ。知らない客だったらビックリする。

日本酒を呑んでもらいたい処で、社長は呑み処と名づけたに違いない。酒も肴もスーパー原価で現金払いだから、すこぶる安い。お惣菜だって何でもあり、小銭をつかんで買いに行けばいい。

地元人と仲良くなれば、我が家同然に落ち着いてしまう。酒樽のテーブル、安定の悪い椅子も妙に居心地がよい。酒と肴がテーブルを行き交うと、時を忘れてもう八時。

汐入『大八』

軍港の匂い漂う町で、マイワシの刺し身に舌鼓。

汐入と横須賀中央は「ドブ板通り」でつながる軍港の町だ。海辺は米軍の駐屯地と、自衛隊の施設でふさがり、街中も水兵さんが制服姿で闊歩する。

京急の汐入駅からJR横須賀駅の間は、旧横須賀製鉄所跡地にできたヴェルニー公園。汐入駅前には米海軍下士官兵集会所（通称EMクラブ）跡地に横須賀芸術劇場がお洒落にそびえるが、周辺は雑踏として軍港の匂いが漂う。その駅前に、地元人に愛されて六十年の「大八」はある。

店内に所狭しと下がる品書きには、焼き鳥から揚げ物まで何でもある。お刺し身など本日のおすすめは、白板を見ればいい。天然ブリ八百八十円に迷いながら、千葉県産イワシの刺し身六百六十円に決める。ショウガ醤油に絡んだイワシの甘い脂が、突然脳裏に浮かんだのだ。

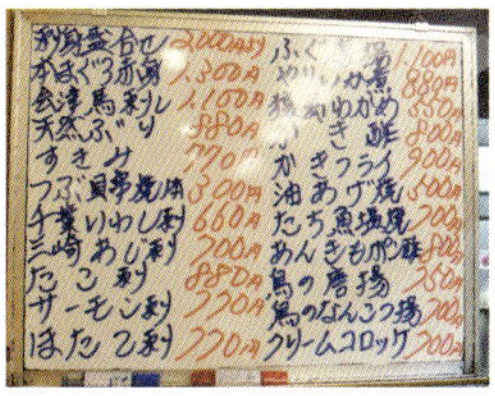

飲み物はホッピーの白、氷なし。出てきたそれが嬉しいじゃないか、基本通りの三冷だった。ホッピーはもちろん、ジョッキと中身（焼酎）までも冷えている。これをやる京急沿線の店では、横須賀中央酒場（中酒）だけではないか。もちろん好みだが、ホッピーに氷やレモンは要らない、と思う。

カウンター席後方の座敷は満席で、お客の笑い声が賑やかでいい。ホッピーで一息ついたころ合いに、マイワシの刺し身がショウガをたっぷり添えてやって来た。皮下の脂は白く縁取られ、血合いの赤身も鮮やかだ。醤油につけると、脂の幕がパッと広がる。噛みしめて、この味が欲しかった、と思う満足感。

二代目の店主は魚好きで、安浦の漁師と連携してフグも扱う。

賑やかな駅前にあって、一息つける人気店だ。

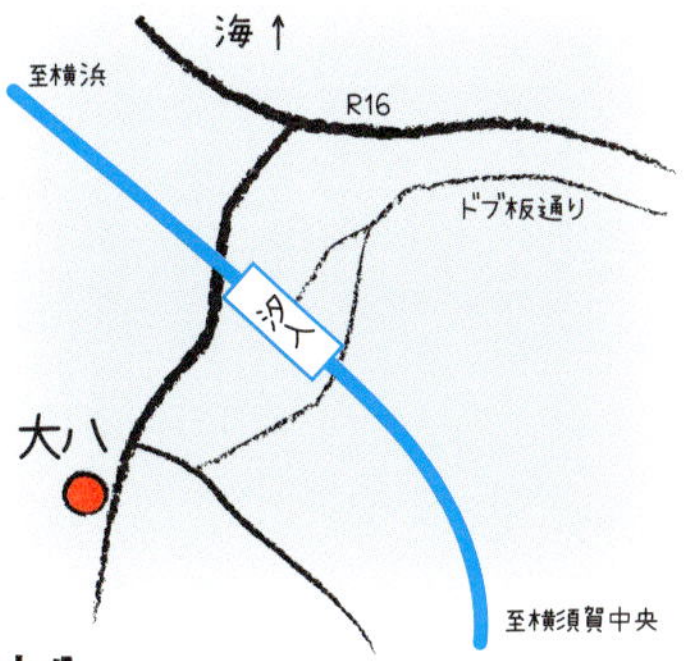

大八

〒238-0042 神奈川県横須賀市汐入町4-55
☎ 050-5485-5056 ㊔ 17：00～23：00 ㊡ 月曜

ホッピーは三冷。 マイワシ刺しも、期待通りで文句なし。

横須賀中央『中央酒場』

中央酒場は、略して中酒（ちゅうさか）。 近隣住民の憩いの場だ。

横須賀中央駅を降りた、路地商店街。

いつも満席で、テーブル席は二時間制となっている。

文字通り、横須賀の中央にある老舗の大衆酒場。

京急の横須賀中央駅は、まさに横須賀市街の真ん中に位置する。JRの横須賀駅は海側へずっと離れて、旧軍港の面影をひっそりと残す。中央駅は高架になっていて、改札口から左手に降りた路地が飲食店の雑居地帯。その左手奥に「中央酒場」の暖簾が、ビル風に揺れている。

創業は昭和二十八年。現在は朝十時の開店だが、以前は朝の八時半からやっていた。海軍基地で昼夜の労働者が、待ってましたと駆けつけたのだ。今は昼少し前から営業だが、開店から満席になるのは昔と変わらない。常連客は今でも、略して中酒（ちゅうさか）と呼ぶ。

最初に訪れたのは半世紀ほども昔の、朝八時ころだった。木戸が重いと思ったら、中の酔人が入り口の内側で寝ているのだった。店内の様子は、今もほとんど変わらない。左手に長いカウンター席があって、右手にはテーブル席が連なる。独り客はそれぞれ寡黙に呑み、長居をせずに帰って行く。その間合いが、とてもよかった。

品書きは、魚肉野菜ものと何でもござれだが、黒板の手書きには刺し身物が並ぶ。コハダ酢四百五十円と、マグロ串カツ五百五十円を注文したら、ここではホッピーだ。京浜工業地帯のとくに横須賀地区は、国家（コクカ）飲料と銘打ったホッピーを盛り上げた地盤でもある。周囲を見れば、みなホッピー。ホッピー王国とは、ここであろう。

外（ホッピー）＆中（甲類焼酎）＆グラスの、三冷を基本として、氷もレモンも通に言わせると邪道である。焼酎の上にホッピーをどぼどぼと注いだら、ビールのようにぐいぐいとやる。ホッピーは中の焼酎が多いせいか、ここでは一人三杯までと決められている。よほど悪酔いした先客が、多かったのかもしれない。

コハダ酢は、少量でも心安らぐ一品だ。小腹すきには、マグロ串カツもよし。カ

中央酒場

〒238-0007 神奈川県横須賀市若松町2-7
☎ 046-825-9513
㊫ 10:00〜22:30 ㊡ 日曜・祭日

タクチイワシのシコ刺しもいいが、めったにないのが残念だ。そんな日は、マイワシの刺し身で我慢するしかない。

だが中酒の名物は柳川風卵とじの、ドジョウ鍋だと思っている。ドジョウ汁は味噌汁風で、ともに七百五十円。厨房下のポリバケツから、生きたままのドジョウをすくって煮立てる。昔は当たり前の居酒屋料理のはずだったが、今はほとんど見ることがない。浅草あたりの専門店とは違った、何気ない味わいが楽しめる。

氷なしのホッピーは、ジョッキに注いでピタリと決まる。 勘定書きが、毎回見直されるのも安心だ。

味噌汁風の、ドジョウ汁。 通人は、こちらを好む。 鍋ともに、七百五十円。

ドジョウ鍋は、柳川風の卵とじ。
ドジョウの大きさによって、匹数は異なる。

県立大学『魚長』

今宵、これだけあれば天国だろう。

「うおちょう」の暖簾が誘う。

一人客は迷わず、カウンター席に吸い寄せられてしまう。

国道沿いに店は佇み、近所の魚好きが毎夜集う。

京急「県立大学」駅は一九六三年に「京浜安浦」、一九八七年「京急安浦」、二〇〇四年に神奈川県立保健福祉大学にちなみ現在の駅名になった。横須賀の中心地からやや離れて、静かな住宅地が広がる。

海岸線は埋め立てられて商業施設が立ち並び、京浜急行と並ぶように走る国道一六号線が町の大動脈になっている。県立大学駅を海岸方面へ降りると、国道までは歩いて五分ほど。そこを右折すれば、お食事処「魚長」は見えてくる。

商店街ではない。車だけが行き交う国道沿いに、魚長の電光看板を見つけるとオアシスのようだ。午後五時ちょうど、「うおちょう」とある黄色い暖簾をくぐる。

店内はしっとりと落ち着いて、居心地が良さそうである。店主は寡黙だが、話をすると時おり人懐っこい笑顔を見せる。店は開業して三十六年、両親と切り盛りしていたが今は一人だ。お客は地元の住民たち、近所に大会社などないからね、とつぶやく。

名入りの焼酎ボトルなどが、無造作に置かれた上の黒板が本日のおすすめらしい。カキフライ七百五十円、イワシ丸干し五百円など、常連客が喜びそうだ。手元の品書きは定番メニューで、刺し身の三点盛り千五十円をたのんでみる。

先にお通しで、タコと大根の煮つけが出てくる。タコは地ダコで薄味、これだけで酒が呑める。三点盛りはマグロ、マダイ、ソデイカ。近年のソデイカの高騰ぶりなどを話しながら呑んでいると、すっかり店に馴染んでしまった。地元人が、集うわけだ。

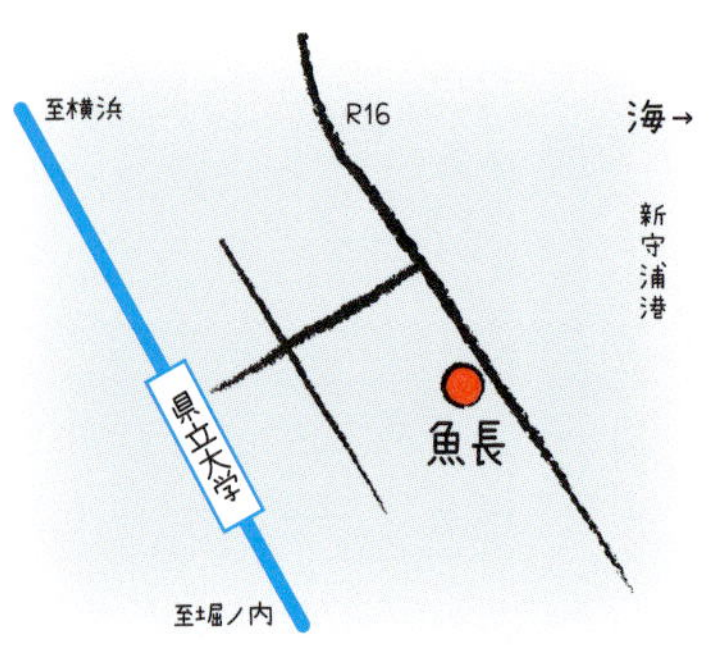

魚長

〒238-0012 神奈川県横須賀市安浦町3丁目
☎ 046-822-2040
㊤ 17:00~23:00 ㊡ 月曜

堀ノ内『幸むら』

小さな駅前店に、魚好きの常連客が集う人気店。

京急の堀ノ内駅は小さな駅だが、浦賀まで行く本線と、三崎口まで行く久里浜線との分岐点である。電車はここから特急も快速特急もない、各駅停車だ。

駅を賑やかかと思われる海側へ降りても、駅前はこじんまりとして拍子抜けがするほど。狭い道路を左へ曲がると、赤提灯やら幟旗がひらめいて「幸むら」がある。駅前では、たぶん一軒だけの居酒屋だ。品書きで賑やかな入り口の黒板に「売り切れゴメン！　本マグロ中トロ刺し八百五十円」とあり、一品を決めて中へ入る。

広い座敷ではなくカウンター席でお願いしますとは、勤め帰りの常連客が押し寄せる時間なのだろう。近くには大きな新安浦漁港があり、電車通勤人も多いはず。店内の品書きにはマグロを中心に、イカげそのから揚げ五百円など嬉しい品書きもある。

マグロはメバチであろう、ワサビ醤油で一切れを口に含む。シャリっとした繊維感は、カマ下の中トロかもしれない。羊羹のような赤身も好きだが、マグロの中トロは脂が軽く感じられて、ほのかに甘い。五切れほどが、酒もゆっくりと味わえる。

カウンター席の目の前に、「名物っ！　伝統の味・幸むら特製卵焼き串二百二十円（税込）」とあれば注文したい。生ものを食べた口に、卵焼きは欲しくなる。甘さを抑えた、まだ温かい卵焼きもご馳走だった。

夕方の五時。常連客を待ち構えるお座敷は、まだ静かだ。

品書きで埋め尽くされた「幸むら」の店構え。

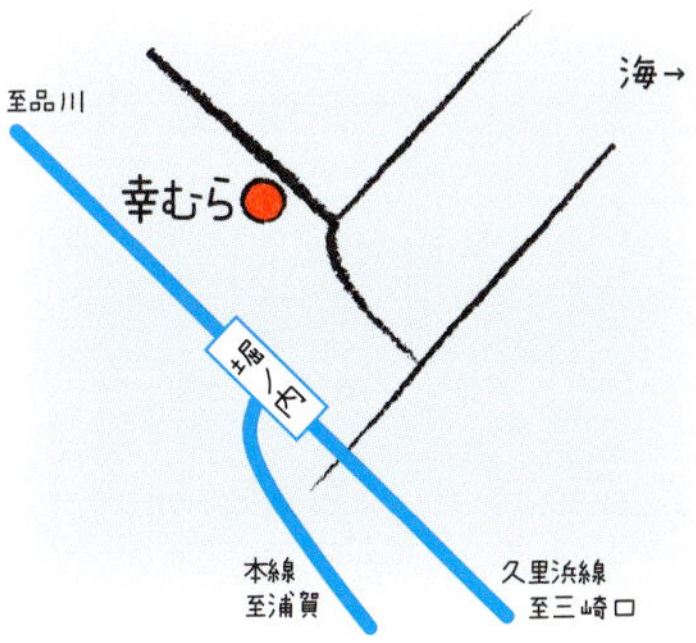

本マグロの中トロ刺し五切れ、ビールも旨い。名物・幸むら特製の卵焼き串を追加注文。

幸むら
〒238-0014 神奈川県横須賀市三春町3-44
☎ 046-824-6800 営 17：00～23：00 休 水曜

浦賀『岩城屋』

飾り気なく、いい仕事をしている。 マダイとヒラメの刺し身。

夕方の五時、岩城屋の暖簾がかかる。

浦賀で八十年営業を続ける、岩城屋の店内。

大衆食堂を侮らぬこと、刺し身だって負けない。

泉岳寺を起点とする京浜急行の本線は、浦賀駅で終点。三浦半島の先端、三崎口駅まで伸びる支線は久里浜線という。

浦賀は幕末のペリー来航で知られ、後年は軍港と浦賀ドックで栄えた町である。京浜急行の本線が、浦賀を優先した訳はそこにある。今はドックも閉鎖されて、郊外には閑静な住宅地が広がる。

浦賀駅を下車して目に飛び込むのは、やはり旧浦賀ドックの巨大な建造物だ。駅からドックを左手にして五十メートルほど歩くと、右手に「岩城屋」の暖簾が見えてくる。夕方の開店は午後五時ちょうど、洗い晒した清潔な暖簾には大衆食堂と染め抜きされている。

店内は意外と広く、カウンター席も含めれば三十人は座れそうだ。食堂だけに品書きはいろいろ、生ビールで喉を潤しながら、「地魚盛合わせってなに?」本日のお刺し身が気になって訊ねると、お姉さんは厨房奥へ聞きに行く。にこやかに戻ってくると「鯛と平目です、私まだ入店したばかりで…」。初々しさに迷わず注文、は言うまでもない。

気取りのない白い器に、輝くような白身が三切れずつ盛られている。手前のマダイを一切れ口に入れて、驚いた。大衆食堂の刺し身ではない、活魚料理屋も顔負けの活きのよさだ。身は舌に跳ね返るほど弾力がありながら柔らかく、噛みしめると甘い脂が口いっぱいに広がる。ヒラメも同等に素晴らしい。

感動は、大根のツマにもあった。細くシャキッとした、間違いない職人技だ。八百八十円の地魚盛合わせは、きれいに食べ終わったあとも口に余韻が残った。帰りのホームに立つと、西の空に夕焼け雲が美しい。浦賀にて、タイやヒラメの舞い踊り。

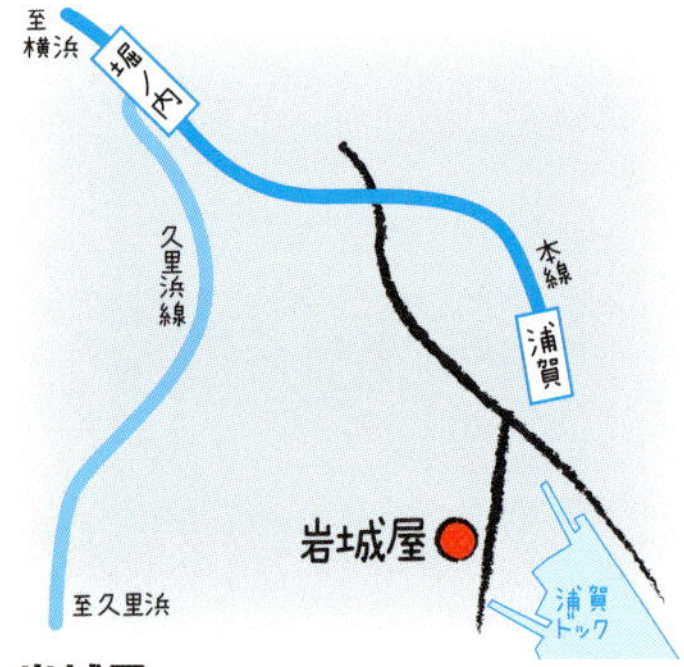

岩城屋
〒239-0822 神奈川県横須賀市浦賀3-2-2
☎ 046-841-1058
㊔ 11:30〜13:00, 17:00〜19:00 ㊡ 日月曜

京急久里浜
『さかなや道場』

チェーン店もバカにしない、飲食店は人でもつ。

三浦半島の久里浜港から、房総半島の金谷港を結ぶ、フェリーの発着点。京急久里浜駅から②番の京急バスで約五分、徒歩でも二十分ほどで港へ着く。観光客を迎える大きな飲食店は食指が動かず、出港する「かなや丸」を見送って駅前へ戻る。

アーケードの商店街は黒船産直市場とあるが、夕方だというのに活気がない。シャッターを下ろしたままの店も多く、不景気を絵に描いたようである。飲食店の夜の営業は通常五時からだが、三時から開店という元気な店を見つけた。大きな看板に「まぐろ居酒屋・さかなや道場」とあり、入ると活発な店員の応対で気分も上昇。

清潔な店内は広くて二階はお座敷、総席数百二十席とは驚いた。聞けば「はなの舞」などを展開する大型チェーン店で、久里浜店はとくに魚料理に自信をもつという。本日お徳の刺し身はシマアジ六百三十円。小エビのシーザーサラダ半分四百六十円と、活アジのたたき七百九十円もいただこう。生ビールはスマホ注文だと三百二十九円、どこもかしこもスマホ時代になってきた。

全国に見慣れるチェーン店には好んでは入らないが、驚くような良い店に当たることがある。料理はもちろんだが、飲食店は人でもっていると思う。マニュアル通りの対応しかできないようでは、務まらない。

シマアジは天然だろうか、身はコリコリするほど引き締まり、脂の香りもいい。小さなマアジは生け簀ものだが、活魚を使うので身がまだ、ぶるぶる震えている。生ビール二杯飲んで三千百六十五円、魚も人も爽やかな店であった。

久里浜港から千葉の金谷港へ向かう、「かなや丸」。東京湾フェリーが約40分で結んでいる。

一階店内は個室風に設計されて居心地よし。

ちょっと豪華な、ビールのつまみ三点。

さかなや道場

〒239-0831 神奈川県横須賀市久里浜1-5-4
☎ 046-838-5175 ㊎ 15：00～25：00 ㊡ 無休
※地図は96ページ

ウィング久里浜、一階の「魚力」。 広い売り場スペースに、所狭しと鮮魚が並ぶ。

京急久里浜『魚力』

一匹丸ごとの魚が嬉しい。青森産のヤリイカを買って帰ろう。

どれも一家族用にパックされた、刺し身のいろいろ。

駅ビルが頑張っている、品揃えも清潔感もいい。

京急久里浜駅ビルの一階に、元気な魚屋「魚力」はある。町にも露店の魚屋はあるが、駅ビルの集客にはかなわない。元気な魚屋の秘訣は、お客が魚を買ってくれること。これしかない。

三崎に近いせいか、マグロの品揃えが豊富で豪華な一画もある。赤身から中トロ、大トロまでが適宜にサク取りされて二千円～四千円。刺し身には切るだけの厚さだから、主婦には喜ばれるだろう。仕事から帰ったダンナがひと風呂浴びてビールを一本、そこに色いいマグロが出たら、天国じゃないか。

パック詰めされた刺し身にはタイやヒラメの白身もあり、家族用の盛合わせは三千円ほどで彩りもよし。住宅地の魚屋は客層をよくつかんで品を揃え、並べ方にも気を抜かない。元気な魚屋ほど、そのあたりの努力がよくわかるものだ。

となりは鮮魚コーナーで、一匹丸ごとの魚は見ているだけで魚好きにはたまらない。刺し身になった量の値段と一匹の値段を比べると倍くらいか、つまり店に並ぶ北海道産のマアジ一匹三百五十円の、半身が刺し身なって三百五十円だ。少し大きな魚なら頭部をカマ焼きにしたり、あら煮もできるから、魚は一匹買いに限る。

青森県産とあるヤリイカを買って、開き干しにでもしようか。刺し身でいける鮮度だから、干しても旨いのだ。決めた。

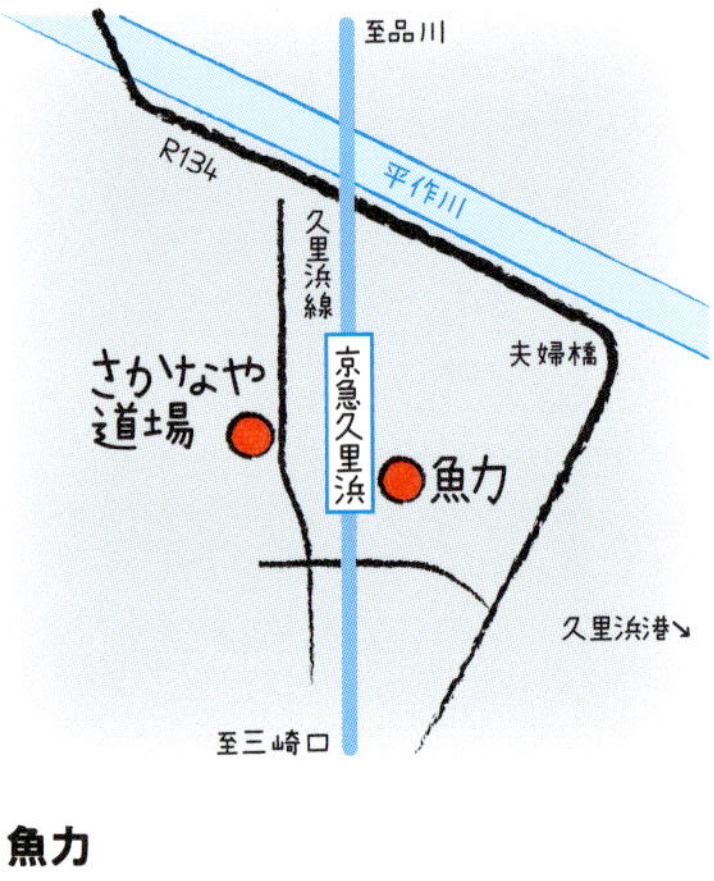

魚力

〒239-0831 神奈川県横須賀市久里浜4-4-10
ウィング久里浜一階
☎ 046-838-5135 ㊔10：00～22：00 ㊡無

自分でつくる 酒の肴

ヤリイカの開き干し

贅沢にヤリイカを開いて干す、一夜の愉しみだ。

ケンサキイカとよく似るが、ヤリイカは十本の脚が短い。

腹側（背骨のない方）から開いて、エンペラを残すようにする。

内臓を取り除いたら、表皮と内側の薄皮も剥がす。 頭足部は目玉と口を取り除く。

酒と塩に、二時間ほど浸す。

日陰で、風を当てながら生干しする。

熱を通す程度に、こんがりと焼き上げる。
たまらない、酒の肴だ。

魚で肴

ヒメ

ヒメ目にはヒメ科だけでなくエソ科もあって、大きなくくりでは近い仲間だ。料理しているとわかるが、内臓に同じような匂いを感じることがある。ほろ苦いような香りだが、慣れると旧知に出会ったような懐かしさを覚える。酒と相性のいい、魚の一つだろう。

雄はとくに、背ビレの赤色が美しい。

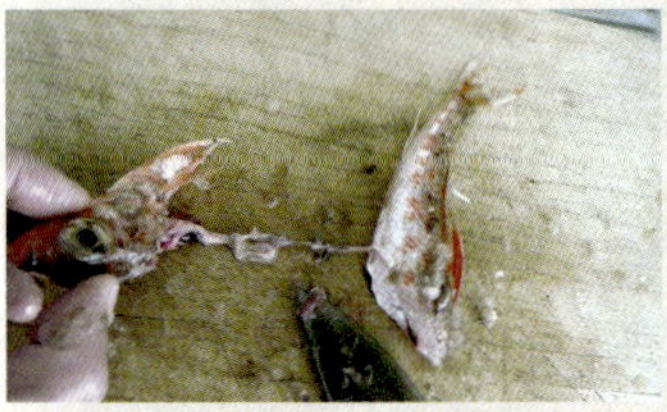
ウロコを落とし、頭部は胸ビレの際から切って引っ張れば、内臓もついてくる。

腹側から中骨に沿って片身を下す。

美しい背ビレは取り置いて、残った片身も下ろす。

二枚の片身は板昆布に挟んでラップし、冷蔵庫で一日寝かせる。

皮つきの身は、昆布のうま味を吸って透明になっている。

食べやすいよう、皮面に飾り包丁を入れると、見た目も美しい。

ヒメの昆布締め

大吟醸が似合う逸品の出来上がりだ。